A Marie-Claire
qui sait que
le coup de cœur
suppose un élan
pas seulement
l'intérêt individuel

Traveine
31/09/95

D'ABORD UN
COUP DE CŒUR

Francine Lalonde

D'ABORD UN
COUP DE CŒUR

Puis une longue détermination !

septentrion

Les éditions du Septentrion reçoivent chaque année du Conseil des Arts du Canada et du ministère de la Culture et des Communications du Québec une aide financière pour l'ensemble de leur programme de publication.

Coordination éditoriale : Andrée Laprise

Révision : Diane Martin

Mise en pages : Zéro Faute, Outremont

Photo de la couverture : Normand Blouin

Si vous désirez être tenu au courant des publications
des ÉDITIONS DU SEPTENTRION,
vous pouvez nous écrire au
1300 av. Maguire, Sillery (Québec) G1T 1Z3
ou par télécopieur (418) 527-4978

ISBN 2-89448-037-7
Dépôt légal – 3ᵉ trimestre 1995
Bibliothèque nationale du Québec

*À mes enfants, Dominique, Philippe et Julien
qui ont partagé avec moi les joies et les difficultés
de l'engagement politique et social.*

*Aux gens de Mercier qui m'ont fait confiance
et qui savent que nous n'avons d'autre choix
que de d'abord donner ensemble un coup de cœur.*

D'abord un coup de cœur ! Un indispensable coup de cœur !

C'est cet élan qu'il faut donner pour faire du Québec un pays et avoir enfin les moyens de nous attaquer aux défis cruciaux auxquels notre peuple doit faire face : la pauvreté et son cortège, la vie en français et son expression culturelle en Amérique du Nord, le plein développement en région et à Montréal, les conditions essentielles au maintien d'une société douce et démocratique, respectueuse de sa minorité anglophone, et finalement capable de signer avec les nations autochtones des ententes mutuellement satisfaisantes.

S'il est besoin de se convaincre de la nécessité de la souveraineté, il n'est qu'à réfléchir à ce qui arrivera si on ne la fait pas. Si on laisse aller les tendances actuelles, et rien dans la politique canadienne ne permet de penser qu'elles peuvent être inversées, c'est l'étiolement qui nous attend ; ou pire, l'exaspération des divisions sans espoir de les colmater. Que ce soit à Montréal où se concentre 40 % de la pauvreté québécoise, Montréal laissée à elle-même avec les séquelles de la désindustrialisation, de l'étalement urbain et presque tous les immigrants. Que ce soit dans les régions démunies des pouvoirs et moyens qui leur permettraient de se prendre en main. Que ce soit la question autochtone où les Québécois assistent, impuissants à régler quoi que ce soit, à l'utilisation de leur propre cause contre eux-mêmes et sans amélioration des conditions faites aux nations autochtones* qui vivent sur le territoire québécois. Que ce soit la culture où la révolution télématique rendra les artistes québécois encore plus dépendants du Canada et en porte-à-faux avec leur art. Que ce soit la condition faite

---

* Il faut entendre ici autochtone et Inuit.

aux jeunes, femmes et hommes, incapables de trouver le minimum de sécurité qui pourrait leur permettre de penser avoir un avenir ; en particulier d'avoir les enfants dont ils rêvent, essentiels à la survie d'un peuple et d'une nation.

Et pourtant, la souveraineté du Québec est possible, éminemment possible. Elle est désormais à portée de main, préparée par l'histoire et mise au point depuis la Révolution tranquille. Même l'échec apparent du référendum de 1980, la négociation avortée de l'Accord du lac Meech et le rejet massif, pour des raisons différentes au Québec et dans le Canada anglais, de la pauvre entente de Charlottetown apparaissent aujourd'hui comme les étapes finales d'un processus inéluctable de prise en charge du peuple québécois par lui-même. Mieux préparé qu'il ne l'était en 1980, le peuple québécois doit cependant faire face à des adversaires inattendus chez certains autochtones qui attendent leur salut d'Ottawa et à des menaces non voilées de recours à la violence de la part d'une frange de *Canadians* appelés à l'aide par des Anglo-Québécois outrés. Même si toutes les assurances économiques, juridiques et internationales peuvent être appelées en défense du dossier québécois, on peut comprendre que les Québécois vont scruter de nouveau la nécessité dans laquelle ils sont de devoir affirmer leur souveraineté.

Or, celle-ci est non seulement nécessaire, mais urgente. Devant des défis aussi importants, le peuple québécois ne peut trouver les solutions qu'en lui-même pour aller au bout de ce qu'on commence à appeler le modèle québécois.

La souveraineté du Québec est donc une condition indispensable, plus indispensable que jamais à un effort collectif efficace, mais ce n'est pas une condition suffisante pour atteindre même des objectifs largement partagés. Pour y arriver, en effet, il faut aussi faire émerger le projet dont on voit poindre les nouveaux contours ; nommer sans complaisance les obstacles où qu'ils se trouvent et s'engager nombreux, si nombreux dans ce chantier formidable du plein développement d'un pays français en Amérique, moderne, solidaire et ouvert sur le monde.

À cette époque de morosité politique, le peuple québécois, forgé par l'adversité, a une extraordinaire occasion de prendre sa place dans l'histoire admirable des petits peuples souverains.

La souveraineté est-elle encore vraiment nécessaire ?

C'est la question que je me suis posée après mon aventure — je ne peux l'appeler autrement — comme ministre déléguée à la Condition féminine dans le gouvernement de René Lévesque en 1985.

J'avais été nommée membre de la Société de développement coopératif à l'automne de 1984, après mes déboires à la CSN, je participais à la deuxième réunion lorsque je reçus un message qui allait bouleverser le cours de ma vie : rappeler à Montréal au numéro qui s'avéra celui du bureau du Premier ministre, René Lévesque : « Vous êtes de celles qui me parlez encore ? » me dit la voix si caractéristique que j'entends après avoir presque raccroché, la secrétaire ne retrouvant pas de message à mon nom. C'était le Premier ministre qui me priait de venir le rencontrer le lendemain à son bureau situé au siège social d'Hydro-Québec.

J'ai su plus tard, quand le gouvernement a plié bagages après l'élection de 1985, que René Lévesque avait commandé une recherche de presse minutieuse sur mes déclarations en tant que leader syndicale. Pendant que je me rendais à son bureau, le lendemain du fameux appel, je me demandais bien ce que le premier ministre me voulait. Aussi lorsque après un préambule assez bref, il me demanda si j'accepterais d'être ministre déléguée à la Condition féminine pendant cinq mois, le temps de déclencher des élections partielles, il provoqua chez moi une stupéfaction considérable. Je n'étais même plus membre du Parti québécois duquel j'avais pris mes distances et les seuls amis que j'y avais dans la structure étaient des syndicalistes. Par ailleurs, je n'avais jamais travaillé avec les groupes féministes.

—Vous avec l'air d'en être une, répliqua Lévesque à mon objection.

—C'est l'emploi, les nouvelles formes d'emploi qui m'intéressent.

—N'est-ce pas le principal problème des femmes ? Vous en laisserez quelques-uns pour les hommes, insista-t-il.

Je ne pus me retenir plus longtemps.

—Le Parti québécois, après la négociation de 1981-1982, est fortement critiqué dans mon entourage, même si nous sommes quelques-uns à savoir qu'il a bien essayé d'éviter l'affrontement. De plus, ça m'a coûté cher d'exprimer mes opinions sur les changements à faire à gauche, et je ne veux pas perdre l'influence que j'ai pu y gagner en m'associant au Parti québécois.

—Nous avons besoin de gens comme vous. Nous ne sommes plus nombreux, conclut Lévesque en me montrant quelques doigts d'une seule main.

—...

—S'il vous plaît, ne me répondez pas tout de suite. Pensez-y.

J'ai finalement accepté. Et j'ai été plongée en pleine tourmente. Quand la limousine est venue me chercher à ma coopérative de travail, c'était pour m'amener à Québec où je devais être assermentée. L'assermentation sera reportée, et je ne reverrai pas Lévesque avant plusieurs jours. Il avait été conduit à l'hôpital. C'était le début d'une étrange période, celle qui verra un des rares leaders fondateurs d'un mouvement de « libération » nationale être poussé sans ménagement vers la sortie et du gouvernement et de la présidence de son parti.

Comment son entourage et son parti n'ont-ils pas compris qu'un homme comme René Lévesque, dont toute la vie avait été consacrée à son peuple, ne pouvait se résigner à quitter après 25 ans la politique en laissant le Québec plus faible politiquement qu'en 1976 ? C'était s'arracher littéralement le cœur que de quitter le pouvoir avant d'avoir au moins négocié avec Mulroney — ou prouvé au peuple québécois qu'il n'y avait rien à obtenir du Canada, ce qu'il croyait — un retour honorable du Québec dans la Constitution canadienne. Pour avoir toutes les chances de pouvoir gagner les prochaines élections, et d'ainsi négocier avec le Canada de façon crédible, n'avait-il pas été jusqu'à se couper de ses meilleurs amis politiques ?

À trois reprises, René Lévesque m'assura que si le parti ne faisait pas trop de « folies », il reprendrait le pouvoir.

Il dut partir.

Non sans avoir cherché à se rapprocher des syndiqués, du moins de ceux du secteur privé, et des gens de progrès dont il savait s'être coupé en 1982, à regrets. Je n'interprète pas autrement qu'il soit venu me chercher, issue du privé, de la CSN, exclue par les radicaux de l'heure ; qu'il ait fait de Robert Dean, ancien directeur des Travailleurs Unis de l'Automobile mêlé si étroitement au long et dur conflit de la United Aircraft, le ministre délégué à l'Emploi avec mission de créer la Table nationale de l'emploi, embryon d'une politique de plein-emploi ; qu'il nous ait nommés à tous les comités importants du gouvernement en nous disant de nous concerter ; qu'il soit allé chercher pour l'élection partielle de 1985 d'autres candidats des mêmes origines, syndicaliste et environnementaliste.

Être témoin privilégié de la dure lutte de pouvoir et d'intérêts aurait dû m'éloigner à jamais de la politique et du pouvoir. Il n'en fut rien. Ma curiosité alimentée par ma formation d'historienne et mon expérience de l'action me poussaient à vouloir mieux comprendre la nature très particulière du rapport entre René Lévesque et le pouvoir politique qui ne l'avait pas happé. C'était fascinant, même avec la souffrance à la marge. Y compris dans la pire période, il montrait un tel amour du monde ordinaire, et un tel respect pour la politique, qu'il appelait à l'engagement plutôt qu'à la fuite. René Lévesque me rappelait que vraiment les grands desseins se réalisent au travers de bien basses mesquineries et que, finalement, malgré leurs limites, seuls la politique et le pouvoir permettent de faire — mais à certaines conditions essentielles, à propos desquelles ce livre est écrit — aussi bien la souveraineté que le projet social dont le Québec est le porteur depuis les années 1960.

Certes la lutte pour l'emploi et contre la pauvreté étaient l'objet de mon action et de mes réflexions depuis longtemps et j'étais souverainiste depuis presque toujours. Mais la question qui m'était posée désormais, c'était de savoir s'il y avait un lien entre les deux. Après le non au référendum de 1980, après la crise économique et budgétaire, avec la mondialisation de l'économie, la souveraineté est-elle toujours nécessaire ? La souveraineté est-elle nécessaire pour améliorer la situation de l'emploi, les conditions de vie des plus démunis, pour faire un avenir aux jeunes, à mes enfants ? Pour bâtir une société plus solidaire ?

Si j'écris ce livre, c'est que le plus clair de mon temps de réflexion depuis 10 ans est passé à répondre à ces questions.

C'est parce que j'ai été partie prenante de cette évolution du Québec depuis les années 1970 ; parce que je suis profondément convaincue que l'avenir du peuple québécois passe par le contrôle de ses principaux leviers ; parce que je suis encore plus certaine que le Québec non seulement est différent du Canada, mais fait la politique différemment depuis que, de novembre 1994 à janvier 1995, à titre de critique officielle au ministère du Développement des ressources humaines à la Chambre des communes, j'ai fait le tour du Canada avec le Comité du développement des ressources humaines sur la réforme des programmes sociaux ; parce que je sais maintenant cent fois mieux, avec douleur aussi, que le Canada hors Québec ne veut absolument pas reconnaître le Québec comme un peuple et une nation aussi longtemps que nous ne nous serons pas dit oui à nous-mêmes ; parce que j'ai l'assurance que si l'on ne sort pas de cette situation d'impuissance dans laquelle nous sommes, ce sont les jeunes, les gens ordinaires et les plus démunis qui seront les plus touchés ; parce que j'ai eu la chance d'être amenée en politique par René Lévesque qui y croyait ; parce que, comme femme et comme mère, j'ai décidé d'y consacrer mon énergie ; parce que j'ai toujours voulu appeler un chat, un chat.

★ ★ ★

Dans un premier temps, je veux parler de la raison fondamentale, première, de cette volonté de souveraineté et de sa nécessité pour le Québec : nous sommes un peuple, une nation, pas une province comme les autres. Tous les partis depuis 30 ans ont cherché à faire reconnaître notre spécificité par le Canada, en vain. Désormais nous devons choisir entre deux pays.

Le premier droit d'une nation et d'un peuple, c'est d'exister, mais sa première responsabilité, c'est de se reproduire. Nous ne parlons jamais, sauf du bout des lèvres, de la population, alors que notre souveraineté, sans une volonté de vivre au sens premier, ne serait qu'une aventure pour grands-mères. Si nous n'en parlons pas, c'est peut-être parce que cela concerne les gens de ma génération et tous ceux qui occupent la place et le pouvoir. Nous devons, souverainistes ou pas, mettre les jeunes au centre de notre projet d'avenir. Autrement, il n'y aura pas d'avenir, pour personne.

Culture et langue, la fibre même de la nation et du peuple, ont aussi besoin de la souveraineté. Ce n'est pas parce qu'on n'en parle pas, qu'elles ne sont pas, à terme, menacées dans cette période de bouleversement profond que nous vivons. L'homme ne vit pas que de pain.

La souveraineté est indispensable pour aller au bout de ce qu'on pourrait appeler le modèle québécois. Mettre en œuvre cette politique active de l'emploi longuement élaborée s'impose dans un Québec qui ploie sous le poids de la pauvreté. La souveraineté est urgente. Montréal, les régions et les jeunes ne peuvent plus attendre ; la question de nos rapports avec les autochtones doit être réglée pour arrêter la montée de l'intolérance ; face à la dette et au chômage, le Québec et le Canada ont des décisions importantes à prendre et elles ne peuvent être prises aussi longtemps qu'ils s'empêchent mutuellement d'agir.

Les Canadiens français, devenus Québécois, ont désespérément tenté de se faire reconnaître collectivement dans le Canada. L'intransigeance des libéraux fédéraux sous la gouverne de Pierre Elliott Trudeau a empêché le Canada de se réformer en faisant une place au Québec. Même celles et ceux qui croient encore que des changements soient possibles dans le Canada savent désormais qu'ils ne peuvent se produire sans un référendum gagné sur la souveraineté : c'était le sens de la loi 150 votée par les libéraux de Robert Bourassa. Le gâchis de l'Accord de Charlottetown montre hors de tout doute qu'il n'y a plus d'espoir sans un oui à la souveraineté. Quoi qu'ils disent, les libéraux du Québec pour le non font passer l'intérêt du Canada avant celui du Québec, de leur nation et de leur peuple.

NOUS SOMMES UN PEUPLE !

NOUS SOMMES UNE NATION !

PAS UNE PROVINCE COMME LES AUTRES

Nous sommes un peuple, nous sommes une nation ! Nous sommes différents ! Pas meilleurs, ni plus intelligents. Différents ! Collectivement ! C'est un fait indéniable, c'est aussi une responsabilité. Dans l'immense et puissante Amérique du Nord qui, très majoritairement, ne parle que l'anglais, notre peuple, composé en grande partie de francophones, qui veulent vivre en français, s'épanouir en français, ne représente qu'un peu plus de 2 % de l'ensemble du continent. Ce peuple veut vivre, au sens plein du mot, tout en reconnaissant les droits de la minorité anglophone et en concluant des ententes mutuellement satisfaisantes avec les nations autochtones et inuit reconnues par l'Assemblée nationale en 1985.

Si une communauté mérite le nom de peuple et de nation, c'est bien la nôtre. Depuis quatre siècles enracinés sur un territoire, partageant une histoire et une langue, nous avons montré à répétition notre volonté de vivre ensemble. Notre culture, sur fond de culture française, est au sens fort du mot québécoise. Enrichie d'Amérique, d'espace, d'indianité, marquée par la Conquête, le conquérant et son univers, influencée par les immigrants venus de tous les horizons, elle s'est forgée dans la vie rude, au gré de l'acharnement des artisans en tous genres, et de l'activité extraordinairement créatrice de nos artistes nombreux.

Quand des comités internationaux s'affairent à protéger les espèces de fleurs, d'arbres et d'animaux, que dire de l'importance que recèle une identité comme la nôtre : de langue française mais tellement nord-américaine, mêlée, et fière de l'être, aux premiers habitants du pays, créative, aimant la vie et ses plaisirs notamment ceux de la table, bûcheuse mais fêteuse, curieuse, au franc parler parfois trop franc, solidaire de la veuve et de l'orphelin...

Même les Québécois qui ne sont avec nous que depuis quelques années finissent par nous ressembler et par participer pleinement à ce qui peut aussi s'appeler, au sens large, culture, c'est-à-dire notre façon d'être, de nous organiser, de vivre en société.

Cette différence nous y avons droit entièrement ! Pas seulement de la maintenir par le folklore et par une fête nationale. Nous avons le droit de la vivre, de la développer. Nous avons même la responsabilité de la transmettre, enrichie.

« La logique féconde des nationalités et de l'universalité »

C'est une responsabilité pas seulement face à nos enfants, mais aussi face au monde comme nous le rappelait le secrétaire général de l'Organisation des Nations Unies, Boutros Boutros-Ghali, lors de son passage à Montréal, en mai 1992 :

> Car une mondialisation excessive ou mal comprise pourrait aussi broyer les cultures, les fondre dans une culture uniforme, ce à quoi le monde n'a rien à gagner...

> Un monde en ordre est un monde de nations indépendantes, ouvertes les unes aux autres dans le respect de leurs différences et de leurs similitudes. C'est ce que j'ai appelé la logique féconde des nationalités et de l'universalité.

Face à la mondialisation des échanges et à l'impérialisme culturel américain, le renforcement des différences est un phénomène naturel et nécessaire. Sans des nations indépendantes aussi bien que solidaires, de nombreuses cultures ne seraient-elles pas inexorablement mises à mort ? À l'inverse, leurs divers apports n'enrichissent-ils pas l'humanité ?

Oui, être et demeurer différent est un droit fondamental pour un peuple, pour une nation. C'est même un devoir, face au monde.

Mais la nation comme la religion et le pouvoir ont été et sont — ô condition humaine — l'occasion et l'instrument de fanatismes, de guerres, de massacres, de domination et d'exploitation, bref d'inhumanité. N'est-il pas hautement significatif pourtant qu'une grande partie des spectacles de violence quotidienne insupportable auxquels nous assistons au petit écran se produisent dans les anciennes colonies ou ex-pays communistes ? Dans les premiers, on a tracé des frontières artificielles sans tenir compte de l'appartenance ethnique, de la culture, de l'histoire. Dans les seconds, on avait voulu justement faire disparaître toute trace de particularisme national, sans faire autre chose que d'assurer dans les faits la prééminence, la domination des grandes nations sur les petites.

Ce n'est donc pas l'État-nation qui doit être mis en cause, mais la nécessité de la démocratie et des solutions démocratiques qui doit être soulignée avec force, surtout en période de profonde crise économique. Faut-il rappeler, en cette période étrange que nous vivons, que la démocratie a vu le jour dans les États-nations, qu'elle s'y est développée principalement, qu'elle y est encore d'abord protégée ?

Vivre en démocratie, cela s'apprend. Nous avons, peuple québécois, nation québécoise, la chance d'avoir une longue tradition démocratique. Notre Parlement de Québec est un des plus anciens parlements du monde. Il est plus vieux que celui d'Ottawa de 75 ans. Ce n'est pas un hasard s'il s'appelle l'Assemblée nationale. Il est le seul lieu où les représentants de la nation québécoise peuvent prendre des décisions qui représentent la volonté de la nation québécoise. Vouloir la souveraineté, c'est profondément vouloir que toutes les décisions nous concernant soient prises par ce seul Parlement qui nous représente, démocratiquement, y compris la décision de nous associer avec le Canada.

De la nation canadienne-française à la nation et au peuple québécois

Ce n'est pas étonnant que les plus âgés d'entre nous soient parfois mêlés et ne veuillent pas abandonner l'appellation « Canadien français » pour se désigner. Plus largement, ils veulent souvent souligner leur appartenance au Canada. Je dis d'emblée que c'est parfaitement normal et qu'ils nous obligent avec raison à rappeler l'histoire.

En fait, c'est Cartier qui, dès son deuxième voyage en 1535, retient des Indiens le mot Canada pour désigner la région de Québec. Ensuite, les Français vont discuter l'origine du mot, mais vont l'utiliser pour désigner le territoire longeant le fleuve Saint-Laurent, puis toute la colonie française d'Amérique du Nord appelée surtout Nouvelle-France. Les colons qui venaient s'établir en Canada s'appelaient volontiers Canadiens pour marquer que, désormais, ils étaient d'ici. Il faut bien remarquer que, quand les Anglais ont remporté la victoire sur l'armée française dans la Nouvelle-France de 1760, les colons établis depuis les débuts de la colonie se dénommaient Canadiens depuis déjà plus d'une centaine d'années, soit une période de temps aussi longue que l'existence de la Confédération à aujourd'hui !

Ce n'est pas tout. Les Canadiens et les Canadiennes de 1763, après le départ de la France, même avec un gouverneur anglais et quelques marchands anglais, puis des colons d'Angleterre et des loyalistes des colonies anglaises ont continué à s'appeler Canadiens et à nommer Anglais, les autres. Parce qu'ils formaient une nation canadienne au plein sens du mot, ils savaient bien que, si la France n'avait pas été vaincue par l'Angleterre, ils auraient voulu un jour avoir leur indépendance de la France, comme les colonies américaines avaient voulu leur indépendance de l'Angleterre. Il faut attendre l'Union forcée de 1840 et la mise en minorité des Canadiens pour que certains leaders (devenus des *French Canadians*) commencent à utiliser l'expression Canadiens anglais pour désigner les Anglais et la nation *canadian* et Canadiens français pour se désigner. Mais ce n'est vraiment que graduellement que se répandra cette pratique, parce qu'il y avait eu un changement politique majeur et que, désormais, la même nation devait accepter de s'appeler canadienne-française.

Que les personnes âgées refusent de se nommer autrement que canadiennes-françaises, on peut donc les comprendre et même dire qu'elles ont raison. Pour qu'en moins de cent ans une nation décide de se nommer autrement et cette fois d'abandonner son nom de Canadienne, il fallait un autre changement politique important. Il fallait la conscience de plus en plus partagée au Québec que la nation canadienne-française, minoritaire dans le Canada, était en voie d'assimilation et, au Québec même, empêchée de se développer, et entravée dans sa manière d'être collective.

Curieusement, c'est Daniel Johnson père qui va le mieux expliquer, en 1965, dans son livre *Égalité ou indépendance*, les raisons qui ont amené la nation canadienne-française, au Québec, à se nommer québécoise, même si lui ne franchira pas le pas. Lui, fils d'un père d'origine irlandaise qui parlait peu le français mais comprenait le Québec et d'une mère canadienne-française, saura mieux que quiconque décrire la nation canadienne-française et, en même temps, dire clairement que, si elle ne peut atteindre à l'égalité dans le Canada, il sera normal qu'elle choisisse de s'identifier à l'État du Québec, à un État du Québec indépendant.

Si l'on part de cette description (celle du Larousse), il ne fait aucun doute qu'il y ait au Canada deux nations. Il n'y a pas une, mais deux communautés humaines, qui se distinguent par la langue, la religion, la culture, les traditions, l'évolution historique et enfin un vouloir-vivre commun puisque, même dans les provinces où elles sont en minorité, elles tendent naturellement à se regrouper sur le plan régional ou local de façon à se donner un milieu favorable à leur épanouissement.

Il est à noter que l'élément fondamental de la nation n'est pas la race, mais bien la culture. Peu importe son nom, son origine ethnique, on est de l'une ou l'autre nation suivant que par son enracinement, sa formation, son choix, son style de vie, son mode de pensée et d'expression, on appartient, on s'identifie à l'une ou l'autre communauté culturelle. Je pense entre autres à tous les Néo-Canadiens qui ont joint, volontairement, par goût, par choix la culture canadienne-française et qui participent à son épanouissement et à son enrichissement [...].

Il arrivera cependant, et c'est là un aboutissement normal, que la communauté culturelle, une fois parvenue à une certaine étape de son développement, surtout si elle possède des droits historiques incontestables, cherche à s'identifier avec un État. Car pour s'épanouir dans le sens de son génie propre, cette communauté culturelle a besoin des cadres, des institutions, des leviers de commande que seul peut lui procurer un État dont elle ait la maîtrise.

Ainsi, la nation, phénomène sociologique, tend à coïncider avec l'État, phénomène politique. Dans la mesure où elle atteint à cette identification, elle devient la nation-État. C'est le fait de la plupart des nations parvenues au terme de leur évolution [...].

J'admets que la nation canadienne-française n'a pas encore atteint cette étape définitive, et c'est sans doute pour cela que certains nous contestent le droit au titre de nation. Mais la nation canadienne-française tend, de toutes ses forces, de toutes ses fibres, à se réaliser sur le plan de l'État et ses aspirations sont strictement normales et légitimes. Je démontrerai plus loin pourquoi et comment les Canadiens français cherchent à s'identifier à l'État du Québec, le seul où ils puissent prétendre être maîtres de leur destin et le seul qu'ils puissent utiliser à l'épanouissement complet de leur communauté, tandis que la nation canadienne-anglaise tend de son côté à faire d'Ottawa le centre de sa vie communautaire[1].

Ce texte est un grand texte à plusieurs points de vue. Daniel Johnson père affirme sans ambages que les Canadiens français forment une nation, que celle-ci est en évolution et que c'est au Québec qu'elle pourrait s'épanouir dans un État-nation, alors qu'Ottawa est naturellement pour les Canadiens anglais le centre de leur vie collective. Si on prenait le temps de faire l'histoire de cette période, on dirait qu'il y a eu bien sûr avant lui les Dalmagne et Pierre Bourgault, et avant eux les Chaput, et Turcotte et Angers et même le chanoine Groulx, mais pour moi l'intérêt énorme de ce texte vient du fait qu'il est celui du chef de l'Union nationale et qu'il date de 1965. *Égalité ou indépendance* résume encore aujourd'hui la revendication de ceux qui oseraient parler des conditions de l'épanouissement de la nation canadienne-française dans le fédéralisme canadien. C'est, dit de façon percutante, la proposition de la Commission Bélanger-Campeau.

Ce dont je sais gré encore davantage à Daniel Johnson père, c'est d'avoir exprimé clairement que les néo-Québécois ont un choix à faire entre la nation canadienne-française et la nation canadienne-anglaise aussi longtemps que le Québec est dans le Canada. Quand un homme comme lui, Premier ministre, parle avec un tel enthousiasme de cette nation qu'il a

---

1. Daniel Johnson, *Égalité ou indépendance*, Montréal, VLB éditeur, 1990, p. 29.

choisie par goût, rappelant que la nation n'est pas une affaire ethnique, mais le résultat d'une volonté collective, il fait avancer la compréhension que les Québécois ont d'eux-mêmes. C'était il y a trente ans.

Deux ans avant que l'*Option Québec* de René Lévesque parle de la nation québécoise et n'enflamme l'opinion québécoise :

> Nous sommes une nation dans un pays où il y en a deux. Car tout ce que nous venons d'évoquer en nous servant de mots comme personnalité, histoire, société, peuple, c'est aussi ce qu'on englobe dans celui de « nation ». Cela ne signifie rien d'autre que ce vouloir-vivre collectif qui est celui de toutes les entités nationales faites pour arriver à durer.
>
> Deux nations dans un même pays, cela veut dire aussi qu'en réalité il s'agit de deux majorités, de deux « sociétés complètes » et bien distinctes tâchant de s'entendre à l'intérieur d'un cadre commun. Qu'au point de vue numérique les faits nous aient mis en minorité n'y change rien : de même qu'une société civilisée n'imposera jamais à un homme plus petit de se sentir inférieur devant un plus gros, de même des relations civilisées entre nations veulent qu'elles se voient et se traitent comme des égales en droit et en fait.
>
> Or, nous croyons qu'il est désormais évident que le cadre centenaire du Canada n'a plus guère pour effet que de rendre sans cesse plus malaisés entre les deux parties l'entente, le respect mutuel ainsi que les changements et les progrès dont l'une ou l'autre ont absolument besoin[2].

René Lévesque aimait cette expression de « personnalité québécoise » pour illustrer le sens de nation québécoise. Du coup, il lui donnait aussi un sens large, inclusif, républicain, et non le sens étroit, ethnique, qu'il peut revêtir dans plusieurs pays où prévaut le droit du sang. Mais il utilisait plus volontiers le mot peuple, lui qui, jeune journaliste, a été si fortement

---

2. René Lévesque, *Textes et entrevues*, Québec, PUQ, 1991, p. 55.

impressionné par les horreurs du nazisme. Quand on l'a entendu raconter encore avec émotion ses premiers contacts avec un camp d'extermination dans cette Allemagne de fin de guerre, on comprend mieux le soin méticuleux, l'intransigeance qu'il a toujours montrée face à toute manifestation d'intolérance nationaliste. C'est lui qui a défendu avec la dernière énergie le droit des anglophones du Québec à l'enseignement dans leur langue. C'est lui qui, à la toute fin de son mandat, a piloté la reconnaissance des dix nations autochtones et des Inuit à l'Assemblée nationale. Il a marqué de façon indélébile la pensée et l'action du Parti québécois, du peuple québécois. Il faut le saluer bien bas !

Peuples et nations

Après avoir fréquenté ces deux mots, je continue à les utiliser simultanément parce que s'ils peuvent désigner la même réalité suivant les dictionnaires, soit une communauté humaine caractérisée par son origine, sa langue, son histoire et sa volonté, ils peuvent aussi avoir des sens différents qui peuvent être utiles pour décrire deux réalités collectives que nous vivons au Québec.

La nation canadienne-française est devenue au fil des années la nation québécoise, comme le montrent les textes de Daniel Johnson père et de René Lévesque. C'est une conception inclusive de la nation qui veut intégrer, aussi longtemps que nous sommes dans le Canada, tous ceux qui veulent en faire partie, parce qu'ils ont le choix entre deux nations. Mais une fois la souveraineté faite, il restera sur le territoire national du Québec une minorité anglophone dont nous reconnaissons les droits à part entière, de même que les nations autochtones qui ont été reconnues à l'Assemblée nationale.

C'est ici que l'appellation peuple québécois pourrait prendre un sens très utile politiquement en désignant, après comme avant la souveraineté, tous les Québécois, tous les citoyens du pays québécois, tous ceux qui vivent sur le territoire du Québec et qui sont aujourd'hui citoyens canadiens, quelle que soit la nation à laquelle ils appartiennent.

Je voudrais en profiter ici pour dire combien les Anglos du Québec, c'est ainsi qu'ils se désignent dans *The Gazette* que je lis régulièrement depuis plusieurs années, font aussi partie à part entière de ce peuple québécois qu'ils ont contribué à forger. Eux aussi sont différents, du fait qu'ils vivent au Québec. J'entendais l'autre jour Peter Gzowski raconter combien les Anglos de Montréal ont un anglais marqué par de nombreuses expressions françaises qui ne s'utilisent pas ailleurs.

J'utiliserai donc l'expression nation québécoise et peuple québécois dans ces sens.

Le mur fédéral

En fait, loin de traiter d'égal à égal en droit et en fait avec le Québec, jamais le Canada n'a reconnu ni la nation canadienne-française, ni les deux peuples fondateurs, ni, et encore moins, le peuple ou la nation québécoise. Depuis 30 ans, les gouvernements québécois, fédéralistes ou souverainistes, se sont heurtés à un mur d'intransigeance, même quand la demande se résumait aux cinq conditions minimales formulées bien humblement par Robert Bourassa au lac Meech.

Les libéraux fédéraux ont été au pouvoir pendant 21 de ces 30 années. Quand le Premier ministre du Canada, Lester B. Pearson, face à la montée du nationalisme, a fait appel en 1965 à des leaders du Québec, à Jean Marchand en particulier, président bien aimé de la Confédération des travailleurs catholiques du Canada (CTCC) devenue en 1961 la CSN, il a dû accepter en même temps ce Pierre Elliott Trudeau sur le sort duquel il a bien hésité, attendu ses positions antérieures favorables au NPD. C'est pourtant Pierre Trudeau qui est devenu la coqueluche du

Parti libéral fédéral. Ce Canadien français s'est avéré dur et intransigeant dans ses prises de position à l'endroit des nationalistes québécois. N'est-ce pas lui qui, en direct à la télévision de Radio-Canada, lors de la conférence fédérale-provinciale de 1968, a affronté le nouveau Premier ministre du Québec, Daniel Johnson, qui revendiquait 100 % de l'impôt des particuliers, des entreprises et des successions en lui disant : « Nous aussi nous représentons les Québécois » ?

Ce même Pierre Elliott Trudeau, qui a entraîné à sa suite les libéraux fédéraux dans l'application difficile au Canada de la Loi des langues officielles, les a en quelque sorte trompés, eux qui pensaient ainsi satisfaire le Québec et qui se demandent aujourd'hui nombreux comment ils ont pu se tromper si lourdement. Nombreux sont les désabusés, inquiets mais incapables désormais de réagir face à la montée de l'impatience canadienne à l'égard du Québec. Je me souviens avec beaucoup de sympathie de ce jeune journaliste *canadian*, dont la famille libérale avait suivi Trudeau, étonné de la façon dont je lui parlais de mon rôle de critique officielle, défendant les débardeurs du port de Vancouver ou les pêcheurs de Terre-Neuve, comprenant avec un sourire que le Bloc pouvait trouver là des appuis pour sa cause. Quand je lui parlais avec animation de la nécessité de la souveraineté du Québec y compris pour le Canada, il ne pouvait que répéter que désormais il ne savait plus ce qu'il fallait faire. Ils avaient tous si gravement erré. Et il n'était pas tendre pour Trudeau.

C'est encore Pierre Elliott Trudeau qui, en 1980, a promis le renouvellement du fédéralisme et très certainement influencé le résultat du vote référendaire. C'est lui qui, ensuite, n'a eu de cesse que de rapatrier la Constitution sans égard au Québec, le traitant en vaincu et affirmant que sa constitution durerait mille ans.

Nul ne peut non plus nier que le règne de Brian Mulroney n'eût jamais été aussi difficile s'il n'avait cherché à ramener le

Québec dans la Constitution. Les cinq conditions minimales de Robert Bourassa avaient beau être falotes, elles sont apparues comme la reconnaissance du caractère distinct du Québec. Qui a tout joué pour faire échouer l'Accord du lac Meech, qui n'avait retenu que cette pâlotte et faiblarde « société distincte » ? Ce sont encore les libéraux de l'entourage de Trudeau pour qui cette ouverture était une grave menace à l'unité canadienne. Ce n'est que dans les tout derniers moments que Jean Chrétien a viré sa veste et donné son appui à Mulroney. Trop tard, Deborah Coyne avait déjà fait la leçon à Clyde Wells.

Ainsi depuis les négociations fédérale-provinciales de 1965 (où a été conclue l'entente sur le régime de retraite permettant au Québec de créer sa Caisse de dépôt et placement qui jouera un rôle si important dans le développement économique du Québec), successivement les René Lévesque, ministre des Affaires sociales et de la Famille, Daniel Johnson père, Robert Bourassa, première et deuxième manières (1971 et 1987-1990), vont se heurter aux provinces canadiennes, qui voudront de moins en moins reconnaître au Québec sa spécificité à mesure que celle-ci va s'affirmer davantage.

Faire la souveraineté ou accepter d'être une province comme les autres

Fréquenter les Canadiens du Canada hors Québec que plusieurs intellectuels *canadians* nomment ROC (*Rest of Canada*) et débattre avec eux de la souveraineté du Québec force à revenir à l'essentiel. Et c'est d'abord et avant tout que le Québec et les Québécois sont différents, pas meilleurs, différents. Ils forment un peuple, une nation et ils ont besoin de s'organiser de façon différente, dans tous les domaines, y compris le domaine social.

C'est évident, direz-vous ! Non. J'ai entendu partout au Canada des gens informés marteler qu'il n'y avait au Canada qu'une seule nation, la *canadian*. Que le Québec n'était qu'une province où l'on parlait une langue différente. Que peuvent bien penser les gens qui ne sont pas informés ? Et pourtant, cette essentielle différence n'est-elle pas au cœur de l'incompréhension canadienne à l'endroit du Québec, de son refus du Québec ?

Mais même des *Canadians* informés et qui reconnaissent que le Québec a toutes les caractéristiques d'une nation distincte, suivant toutes les normes internationales, ne sont pas automatiquement prêts à inscrire une reconnaissance de ce fait dans la Constitution. Au contraire. Toutes les provinces doivent avoir les mêmes pouvoirs, concluent certains.

Un homme aussi intéressant, un observateur aussi attentif que Gordon Gibson, ancien politicien libéral de la Colombie-Britannique et ex-secrétaire de Pierre Elliott Trudeau, auteur d'un livre sur les conséquences pour le Canada du départ du Québec appelé *Plan B*, est prêt à des changements constitutionnels importants, mais pour TOUTES les provinces.

Gordon Gibson explique simplement qu'il était contre l'Accord du lac Meech parce que celui-ci ne faisait l'affaire que du Québec. Il ne s'opposait pas aux gains faits par le Québec, il voulait que la Colombie-Britannique puisse aussi en profiter ou voie ses problèmes à elle aussi réglés par la réforme constitutionnelle. Face à cette position, on peut rappeler avec force le rapatriement unilatéral de la Constitution de 1982 et ramener toute l'histoire du Québec, c'est vrai. Mais le plus éclairant pour l'avenir du Canada, et qui ne peut qu'intéresser le Québec, c'est la démarche que Gibson a dû poursuivre pour en arriver à son *Plan B*.

Posons l'hypothèse, avance-t-il, que le Québec se sépare. Il n'aime pas l'idée, mais il faut l'admettre pour préparer l'avenir du Canada. Si donc le Québec se sépare, l'Ontario se retrouvera avec 45 % de la population du Canada, 45 % de la richesse et 45 % des députés, ce qui signifie qu'avec quelques députés d'autres régions, elle pourrait orienter à elle seule les destinées canadiennes. Nous de l'Ouest ne serons pas contents. Nous ne penserons pas à quitter le Canada, mais nous voudrons que le gouvernement fédéral ne s'occupe que de la défense, de la monnaie et de la politique étrangère. Ah ! dit-il à l'interlocuteur, mais c'est la position du Québec ? Il répond : c'est que nous serons dans un rapport d'eux à nous avec l'Ontario, de la même manière que le Québec depuis toujours est avec le reste du Canada dans une position d'eux à nous, et en plus le Québec a toutes les caractéristiques d'un peuple et d'une nation. Quelle est sa conclusion ? Si le ROC est prêt à négocier une transformation radicale de la Constitution après le départ du Québec, pourquoi ne pas le faire avant, afin d'éviter les torts considérables qui seront causés à tout le monde.

Gordon Gibson ne donne à son option que 20 % des chances de réussir. Je lui ai dit qu'en l'absence d'un vote favorable à la souveraineté du Québec il n'avait, quant à moi, aucune chance.

Mais on retient que pour un homme aussi sensible aux caractéristiques propres du Québec, il n'est pas question d'une constitution comprenant des conditions différentes pour le Québec. Ce serait refusé par le Canada. Si quelqu'un en doute encore, il n'a qu'à se référer aux sondages Environnics qui montrent à répétition que 80 % des Canadiens ne veulent pas donner au Québec de nouveaux pouvoirs.

Pour reconnaître le peuple québécois, le Canada devait accepter soit l'asymétrie, soit une décentralisation majeure. Il n'en a voulu ni n'en veut aucune.

L'évolution divergente du Canada et du Québec nécessite la souveraineté

En fait, l'existence et surtout la reconnaissance de deux communautés nationales qui répondent à la définition de nation, dans un pays démocratique, ne sont pas fréquentes ni simples. Peut-être n'est-elle pas fréquente parce qu'elle n'est pas simple à vivre, justement. La Belgique est un de ces cas. On y trouve d'abord l'unilinguisme territorial, sauf dans la région de Bruxelles qui est bilingue. Ensuite, une révision constitutionnelle vient juste de décentraliser encore davantage les pouvoirs vers les différentes communautés. C'est une histoire presque à l'extrême opposé de celle du Québec et du Canada et qui est elle aussi à suivre, certains estimant que l'actuelle décentralisation entraînera l'éclatement du pays, d'autres estimant qu'ils ont réussi là où le Canada a échoué. Il y avait la Tchécoslovaquie, dont le Parlement a procédé à la division sans tenir un référendum.

L'histoire politique du Canada montre que, sans le Québec, le Canada de 1867 aurait été une union législative, pas une Confédération. La perte des pouvoirs dévolus par la Constitution, qui ont été sans cesse grugés par le gouvernement central, est dramatique pour le Québec. Que ce soit par le pouvoir de dépenser d'Ottawa ou par l'Accord constitutionnel négocié sans le Québec à l'occasion du rapatriement unilatéral de la Constitution.

Ce qui est dramatique pour le Québec ne l'est pas pour les autres provinces, justement parce qu'Ottawa est le cœur de la nation *canadian*, comme Québec est le cœur de la nation québécoise. Je le savais, je le sais davantage encore après avoir parcouru le Canada avec le comité du Développement des ressources humaines. Les *Canadians* tournent les yeux vers Ottawa quand les Québécois les tournent vers Québec. Les provinces *canadian* n'ont pas plus peur d'Ottawa que les régions du Québec n'ont peur de Québec. Un exemple : l'éducation, chère et essentielle au Québec, pourrait au Canada être chapeautée par un ministère fédéral de l'Éducation sans que personne ne proteste, au contraire.

Ce n'est pas tout. Lloyd Axworthy, Paul Martin et les mandarins fédéraux, à court d'argent, préparent la réorganisation des programmes sociaux au Canada en coupant d'abord profondément dans le financement fédéral de ces programmes aux provinces. C'est la première étape. La deuxième viendra après le référendum, quand les provinces, prises à la gorge par la prochaine récession et l'augmentation croissante des coûts de l'aide sociale, seront trop heureuses de confier au fédéral la formation et les programmes d'aide au retour au travail, pour les personnes dites aptes au travail, qui émargent actuellement de l'aide sociale, alors qu'elles conserveront l'aide de dernier recours. Le fédéral aura sans doute fait adopter une modification à la Loi de l'assurance-chômage pour pouvoir couvrir aussi le chômage de longue durée à même la caisse d'assurance-chômage qui doit faire un surplus de 5 milliards cette année et autant l'année prochaine. Voilà pourquoi le fédéral n'est pas prêt d'abandonner la formation de la main-d'œuvre.

Une anecdote parmi tant d'autres recueillie pendant les travaux de comité. Un vieux fonctionnaire d'une province, habitué à ces travaux de réformes des programmes sociaux, vient me souhaiter bonne chance. Aussi longtemps que le Québec ne sera pas parti, nous serons incapables de faire une vraie réforme des programmes sociaux, me dit-il. Vous êtes une des seules provinces à vous occuper véritablement de cette question.

N'allez pas croire que, parce que le fédéral a coupé sans vergogne 45 000 postes de fonctionnaires, il se retire de nombreux champs. Non. Il a compris que les groupes communautaires moins exigeants, et qui voient tomber comme une manne des subventions tatillonnes, peuvent remplir nombre des tâches que le fédéral veut tout de même se réserver. C'est une situation qu'il faut mettre en lumière parce qu'elle équivaut encore une fois à passer par-dessus la tête du Québec. Des ministres fédéraux ont le culot d'appeler cela de la décentralisation alors que, dans bien des cas, il faudrait parler plutôt de patronage.

D'ailleurs, à Ottawa, on apprend vite que, pour l'unité nationale, il y a toujours de l'argent. S'il n'y en a pas, on emprunte ou on coupe dans les subventions aux provinces.

Bien plus, dans cette période de mondialisation de l'économie, les gouvernements des pays dits développés sont appelés par les institutions internationales comme l'OCDE et le G7, peut-être parce qu'ils ne savent plus faire autre chose mais c'est une autre histoire, à intervenir dans l'éducation, l'organisation sociale y compris celle du travail, et aussi dans la culture, par le biais de l'autoroute électronique. Or, ces champs, depuis 1867, sont considérés par les Québécois de leur ressort exclusif. On se comprend bien : les tendances des mesures économiques adoptées par les institutions mondiales incitent le Canada à se mêler de ce qui a toujours été considéré comme la chasse gardée du Québec. Les conservateurs avaient d'ailleurs commencé et les libéraux continuent, à deux mains.

Soyons donc bien clairs.

Le Québec est vraiment à l'heure des choix. Mais ce n'est pas entre un quelconque *statu quo* constitutionnel et la souveraineté. Non.

Et le glissement à droite d'un grand nombre de gouvernements canadiens ne peut rassurer qui que ce soit.

Il y a donc une forme d'accélération de l'histoire. Pendant les trente dernières années, le Québec, à titre de province comme les autres à l'intérieur du Canada, n'a pu assurer son avenir comme peuple et aller au bout de son développement. Il a constamment été empêché d'être et de s'organiser suivant son génie propre et ses besoins. Mais en raison de la rapide évolution divergente des besoins du Québec et du Canada au chapitre de la démographie, de la langue et de la culture, de l'économie, de l'immigration y compris la nécessité pour le Québec de conclure des ententes avec les autochtones, la situation qui attend les Québécois, s'ils se refusent la souveraineté dans un deuxième référendum, n'a rien à voir avec celle de 1980.

Parce que ce référendum est un choix entre deux projets, entre deux pays : le Québec souverain et associé au Canada ou le Québec grosse communauté culturelle dans un Canada unitaire.

Ce n'est pas pour rien que les partisans du non au référendum s'en tiennent à leur seule question : oui ou non à la séparation. C'est parce qu'ils savent, les libéraux du Québec et Lucienne Robillard mieux que personne, que le vrai choix qui est proposé aux Québécois c'est :

— OUI ou NON à la reconnaissance du peuple et de la nation québécoises ;

— OUI ou NON au droit de vivre et non seulement de survivre en français ;

— OUI ou NON au droit du Québec de s'organiser socialement, culturellement, économiquement suivant son génie et ses besoins propres ;

— OUI ou NON au droit du Québec d'intégrer à sa façon les immigrants et de négocier avec les autochtones ;

— OUI ou NON au droit du Québec de s'associer économiquement et politiquement comme peuple et comme nation au Canada.

En répondant non à ces questions, les adversaires du référendum québécois nient l'histoire et les démarches répétées, tous partis confondus, des représentants politiques du Québec pour le faire reconnaître comme peuple et comme nation québécoises. Parce qu'ils sont contre l'association d'égal à égal du Québec avec le Canada hors Québec, ils sont les vrais partisans de la séparation. Ils sont ceux qui vont à l'encontre de l'esprit indispensable au progrès du monde et qui dit qu'il faut à la fois que les nations et les peuples s'associent tout en préservant vivantes leurs cultures différentes au lieu de succomber à quelque impérialisme.

Il est plus que temps que nous nous disions oui pour résoudre les problèmes qui nous assaillent. Nous n'avons plus de temps à perdre.

C'est la première et la principale raison pour laquelle il nous faut obtenir notre souveraineté : pour vivre, et pleinement, comme nation et comme peuple pour nous organiser à notre manière, pour faire face aux difficiles défis de cette époque, en offrant au Canada l'association économique et politique nécessaire aux intérêts des deux parties.

LA POPULATION DU QUÉBEC
FAIT DE MOINS EN MOINS LE POIDS

Le peuple québécois ne se reproduit plus. Dans dix ans à peine ou un peu plus, la population en chiffres absolus commencera à décliner.

C'est, au sens plein du mot, un drame pour ce peuple qui ne représente plus qu'environ 2 % de la population de l'Amérique du Nord. C'est un étrange clin d'œil de l'histoire pour ces Canadiennes françaises qui ont tant fait d'enfants dans un pays incapable de leur fournir travail et nourriture et qu'elles ont vus s'expatrier surtout aux États-Unis, année après année, à raison d'une dizaine de milliers par année. Il en a été ainsi pendant près de 100 ans, de 1840 à 1930. Oui, près d'un million de Canadiens français se sont exilés. Au point, qu'au tournant du siècle il y avait presque autant de Canadiens français en dehors du Québec qu'au Québec.

Comment expliquer qu'on ne parle pas de cette question vitale pour notre avenir collectif, mais aussi pour les conditions concrètes qui seront faites aux jeunes, à nos enfants ? Parce qu'elle manque de rectitude politique ? Parce qu'en parlant de population on parle de natalité, d'immigration et de capacité d'intégration ? Parce qu'on doit regarder en pleine face la diminution relative du Québec dans le Canada et l'Amérique du Nord ? Parce que les gens de ma génération, les femmes, ont peur de constater les effets globaux de toutes ces décisions individuelles difficiles ? Peut-être parce qu'en 1980 on ne voyait pas aussi clairement les enjeux et que, depuis, les partis n'ont pas essayé de voir plus loin que le bout de leur nez ?

Il y a quelque chose de parfaitement aberrant dans cette quête québécoise de souveraineté qui n'ose pas nommer son plus vital et primordial enjeu : survivre. Comment peut-on proclamer qu'on veut un avenir brillant pour les jeunes si on est incapable de dire qu'il faut forger une société qui les aide à avoir les enfants qu'ils veulent ; une société qui leur fasse une place : celle des bâtisseurs d'avenir justement ? Il n'est pas besoin de les inciter à élaborer une politique nataliste, seulement de leur donner les moyens d'élever la famille qu'ils voudront, qu'ils veulent. Ces moyens, ce sont aussi bien une politique familiale moderne qu'une politique d'emploi. Mais ce doit d'abord être une préoccupation, une obsession même, en particulier pour les gens de mon âge. Il faut s'unir pour que les jeunes aient un avenir. Alors notre peuple en aura un.

Curieusement, la Suède des années 1930, obligée de faire face à un grave problème démographique, a répondu par la politique familiale généreuse que l'on connaît, faite de congés pour les deux parents, d'allocations diverses et de support fiscal et également d'une politique d'emploi. Pour un petit peuple, l'une ne va pas sans l'autre. C'était vrai pour la Suède. Ce sera vrai pour le Québec souverain. Il n'y a pas d'autre choix.

D'ailleurs, s'il est un domaine où apparaît l'urgence de la souveraineté, c'est bien celui-là. Le nombre des naissances aussi bien que la capacité d'intégration des immigrants sont aussi indispensables au Québec l'un que l'autre, alors que le Canada comble ses besoins démographiques par l'arrivée d'immigrants, qui s'intègrent assez facilement. En conséquence, il n'a pas de politique familiale digne de ce nom. C'est un des rares pays du monde qui n'aide pas les familles à revenus moyens ou supérieurs, leur laissant le choix entre s'acheter une automobile ou avoir un enfant. Comme le gouvernement fédéral se sert principalement de la fiscalité, il ne reste au Québec, qui a pourtant tout essayé, qu'à tenter de contrer les effets pervers de cette politique ou plutôt de cette absence de politique.

Cette question est maintenant l'objet principal de mes discours. Mais je confesse qu'avant 1990 je ne m'étais pas intéressée à cette question. J'ai rattrapé le temps perdu. Je veux vous en faire profiter.

« Sans les moyens d'un pays complet, le Québec français ne fera bientôt plus le poids »

L'évolution d'une population dépend de la natalité, de la mortalité et des migrations. Le déclin démographique du Québec est donc le résultat (pas encore visible) de trois facteurs : dénatalité, espérance de vie croissante et solde migratoire, encore jusqu'à tout récemment, négatif.

La natalité au Québec a suivi une évolution étonnante. De 1608 à 1875, 7,2 enfants naquirent par famille, soit une fécondité assez semblable à celle des autres habitants de l'Amérique du Nord. C'est entre 1870 et 1960 que, contrairement à la décroissance vécue ailleurs en Amérique du Nord, le Québec connaissait sa revanche des berceaux. Depuis les années 1960, c'est à un ralentissement rapide de la natalité qu'on assiste jusqu'à atteindre un bas historique de 1,37 enfant par femme, et ce, avant de connaître une légère remontée autour de 1,7 en 1992. Les chiffres des deux dernières années affichent encore des diminutions. Or, pour assurer le remplacement des générations, c'est 2,1 enfants par femme qu'il faut. Rares sont les pays industrialisés qui atteignent ce taux. Seuls, ceux qui comme la Suède se sont donné une politique y parviennent.

Mais voyons où se situe le Québec parmi ces pays :

	1965	1980	1988	1992
Autriche	2,7	1,7	1,5	
Belgique	2,6	1,7	1,6	
Danemark	2,6	1,6	1,6	
Espagne	2,6	2,2	1,3	
France	2,8	2,0	1,8	1,7
Irlande	4,1	3,1	2,1	
Italie	2,8	1,7	1,3	1,3
Norvège	2,9	1,7	1,9	
Pays-Bas	3,0	1,6	1,6	
Portugal	3,0	2,2	1,5	1,5
Royaume-Uni	2,8	1,9	1,8	
RFA	2,5	1,5	1,4	1,3
Suède	2,4	1,7	2,0	2,1
Suisse	2,6	1,6	1,6	1,6
Canada	3,2	1,8	1,7	2,1
USA	1,7	1,7	2,1	
Québec	3,1	1,7	1,4	1,7

Source : Tiré de l'article de Pierre Lefebvre, « Les Politiques familiales au Québec et au Canada », Interface, mars-avril 1995, ACFAS, p. 16.

« Les Québécoises ne se reproduisent plus depuis les générations nées en 1942-1943, soit depuis environ quinze générations[3]... » Il y a donc de moins en moins de femmes en âge d'avoir des enfants. Dans une dizaine d'années, nous ne parlerons pas de ralentissement de la croissance, mais bien de

3. Pierre Lefebvre, « Les Politiques familiales au Québec et au Canada », Interface, mars-avril 1995, ACFAS, p. 20. Il faut quand même souligner une bonne nouvelle : en 1994, le taux de natalité du Québec de 1,65 a presque rejoint celui de l'Ontario de 1,68 enfant par femme. Notons que le taux de remplacement est cependant de 2,1.

décroissance de la population du Québec dans une Amérique du Nord qui ne donne pas le même signal.

L'espérance de vie, par contre, est en forte hausse au Québec. Le taux de mortalité chute en effet plus rapidement que les démographes ne l'avaient prévu. Qu'on juge :

Âge	1951	1971	1991	2001
0-9	1005	1114	922	787
65+	232	413	767	939

En se promenant dans les rues de notre enfance, on constate qu'il y a moins d'enfants que par le passé. On sait qu'ils ne sont pas seulement déménagés en banlieue. Ces chiffres sont extrêmement révélateurs. Il y aura en 2001 davantage de personnes de 65 ans et plus que de jeunes de 0-9 ans, alors qu'ils étaient un pour cinq en 1951. Autrement dit, il y aura plus de grands-parents de 65 ans et plus que de petits-enfants de moins de dix ans.

Quand on réfléchit aux bouleversements que supposent ces chiffres, on comprend mieux le malaise, pas toujours nommé mais palpable, de tant de jeunes couples avec enfants qui ont le sentiment que cette société n'est pas faite pour eux. On s'explique mieux aussi les transformations que les services publics doivent subir et le poids du vieillissement sur leurs budgets.

Enfin, le solde migratoire n'est positif au Québec que depuis 1985, et ce, modestement, soit plus de 19 000 en 1994.

Ce résultat provient d'un double mouvement, celui des sorties et des entrées. Depuis 1962, le Québec perd une partie de sa population au profit des autres provinces, surtout de l'Ontario. Par exemple, de 1971 à 1976, 15 522 personnes ont déménagé chaque année en Ontario, alors que ce chiffre est passé à 31 299 de 1976 à 1981. Il s'est ensuite réduit, mais le solde demeure toujours négatif.

Ce sont les entrées au Québec en provenance des pays étrangers qui permettent finalement d'obtenir un résultat global positif, même s'il faut constater que notre taux de rétention des immigrants et des nouveaux citoyens est relativement faible.

Pourtant, l'élan donné par le «baby boom», ajouté à la forte immigration internationale des années 1950, fut tel qu'il permet quand même à la population du Québec d'augmenter encore pendant une dizaine d'années avant d'atteindre la décroissance. La légère augmentation causée par le petit élan de natalité ne peut changer le cours prévu de l'évolution puisqu'il ne s'est pas maintenu.

Il faut comprendre qu'une fois que les femmes d'une génération n'ont pas fait au moins une fille, celle-ci devra avoir plus d'une fille en moyenne pour que la population ne diminue pas. Si, à son tour, elle n'a pas de fille, les autres devront avoir plus d'enfants pour compenser ou alors la population diminuera.

Mais si une population ne veut pas se reproduire, l'immigration ne peut-elle pas compenser ?

La réponse est oui et non.

Temporairement, l'immigration permet de maintenir le niveau de population malgré une baisse de natalité. Mais l'immigration à elle seule ne peut résoudre le problème démographique parce que les nouveaux arrivants prennent rapidement les habitudes de natalité du pays d'accueil, d'une part, et que, d'autre part, la politique d'immigration canadienne n'a pas favorisé nécessairement les enfants ou les familles jeunes capables d'avoir des enfants. La proportion de personnes âgées parmi les immigrants venus au Canada depuis 1941 est plus élevée que parmi les Canadiens de souche.

Jusqu'ici nous n'avons pas parlé de la question vitale de la langue et de la culture, soit la capacité du Québec d'intégrer ses immigrants. Parce que, concernant le Québec, il faut regarder à la fois les effets de population et les effets de la composition linguistique de la population, ce que les spécialistes appellent la démolinguistique.

Le Québec dans le Canada : entre deux feux

Statistique Canada nous apprenait en 1994 que la population du Québec passait sous le cap des 25 % au Canada. Curieusement, ce ne fut qu'un entrefilet dans les journaux du Québec, alors que les journaux du Canada anglais ont traité cette nouvelle avec plus d'attention et s'attendaient à une levée de boucliers au Québec. Elle n'est pas venue.

Quelques jours auparavant, la Chambre des communes avait rejeté un amendement du Bloc québécois voulant que le remaniement de la carte électorale ne fasse jamais perdre au Québec sa représentation de 25 %. Au moment du vote, des députés libéraux francophones du Québec étaient étrangement absents. D'autres en se levant pour voter cachaient mal leur inconfort. C'est pourtant allègrement aux cris de : « Vous auriez dû voter pour Charlottetown » que les députés libéraux, réformistes et NPD d'en face et d'à côté se levaient pour signifier leur refus, sauf Sven Robinson et Gilles Bernier, député indépendant.

En fait, le Québec dans le Canada est vraiment pris entre deux feux. D'une part, sa proportion relative, son poids démographique ne cesse de diminuer et cette tendance ira en s'accélérant, ce qui entraînera une perte de poids politique. D'autre part, il ne peut pas admettre les immigrants au même rythme que le Canada hors Québec sans mettre gravement en danger le poids relatif des francophones dans la région et surtout sur l'île de Montréal.

Robert Bourassa, peut-être conscient que le seul argument de nécessité pour la souveraineté était celui de la population, a cherché à s'assurer par le biais de l'Accord de Charlottetown que le Québec accueille au moins le quart de l'immigration totale canadienne, indépendamment de sa capacité d'intégration. Quand la ministre à l'Emploi et à l'Immigration du Canada fixait en 1988 des objectifs de 250 000 nouveaux arrivants, cela signifiait pour le Québec au moins 55 000 immigrants et immigrantes alors que la moyenne annuelle de 1980 à 1988 avait été de 20 281.

On ne peut traiter de l'immigration sans soulever d'autres considérations d'ordre socio-économiques et de capacité d'intégration, notamment linguistique et culturelle. Si on regarde les études portant sur l'intégration et en tenant compte du fait que plusieurs utilisent les chiffres de 1986, portant donc sur une période voisine de celle pendant laquelle le Parti québécois était au pouvoir et l'immigration faible, qu'y lit-on ? Trois grandes conclusions :

— les transferts linguistiques se font encore majoritairement vers l'anglais, alors que pour maintenir la part relative des francophones dans la population, ils devraient être au-dessus de 80 % vers le français ;

— les immigrants arrivés depuis la fin des années 1970 ont une plus grande propension à adopter le français et ce, dépendant de leur pays d'origine ;

— l'influence de la loi 101 semble décisive chez les moins de 15 ans. Alors que 95 % de ceux qui ont étudié en anglais vont dans les cégeps anglophones, il est encourageant de voir que pour 1993 ce sont 69,5 % des jeunes ayant étudié en français dans les commissions scolaires qui vont au cégep francophone. On ne peut cependant en conclure qu'ils vont adopter le français s'ils font un transfert linguistique. Cela dépendra de plusieurs facteurs dont le milieu de travail et le milieu de vie.

Malgré la loi 101 donc, la capacité d'intégration de la majorité francophone est encore très incertaine. Il ne faut pas oublier que c'est à Montréal qu'arrivent et s'établissent la plupart des immigrants. C'est normal, ils cherchent à se rapprocher de parents, d'amis ou de personnes du même pays d'origine pour s'acclimater, se trouver un travail, se débrouiller. Ces quartiers ne sont ni des quartiers francophones ni à proximité des quartiers francophones. Or, les immigrants adultes ne passent pas tous par les Centres d'orientation et de formation des immigrants (COFI) pour apprendre le français. Au lieu d'attendre leur place, ils se trouvent un travail et ce travail leur apprend souvent que la langue la plus importante est l'anglais. Même s'ils sont passés par le COFI, et qu'ils ont appris les rudiments du français, l'anglais au travail les rattrape souvent.

L'intégration, on le sait, ne se fait le plus souvent qu'à la deuxième et même troisième génération, surtout si les immigrants ne parlent pas le français ou une langue voisine. C'est ici que l'école française obligatoire devait et doit jouer son rôle. L'école de la loi 101 ne peut pas, dans une large mesure, intégrer les jeunes enfants d'immigrants ou de nouveaux citoyens si les jeunes francophones brillent par leur absence ou leur petit nombre, comme c'est le cas pour la majorité des écoles secondaires de l'île de Montréal. On constate, en effet, que les familles francophones quittent Montréal pour s'établir dans les banlieues. Celles qui restent sur l'île, dans l'est et dans le nord de la ville, ne sont pas rejointes par les familles immigrantes ou de nouveaux Québécois.

Le Québec dans le Canada se trouve donc tragiquement entre deux feux : pressé d'accroître rapidement sa population par l'immigration pour ne pas perdre trop d'influence dans le Canada, mais incapable d'assurer l'intégration d'une façon qui soit conforme à son poids linguistique.

Une chose est certaine, cette intégration dépend elle-même du message clair qui est lancé aux nouveaux venus, et de la capacité d'accueil de la société d'adoption. Sont-ils dans un pays français ? Sont-ils dans un pays bilingue où la langue qui compte pour gagner sa vie est l'anglais ? On comprend que l'intégration sera fortement influencée par la perception des immigrants et immigrantes, même avant qu'ils n'arrivent. Leur propension à se joindre à la majorité sera aussi influencée par des moyens qui sont mis à leur disposition pour leur faciliter l'apprentissage de la langue française et l'insertion culturelle. L'accueil de la population n'y est certes pas étranger.

La désertion de l'île de Montréal des familles francophones a de quoi inquiéter, et ce, au moment où les jeunes allophones obligés d'étudier en français se retrouvent souvent entre eux dans des classes où les professeurs n'osent pas exiger d'eux autre chose qu'une connaissance minimale du français. Qui peut les en blâmer ?

Cette situation est en train de devenir explosive. C'est parce qu'elle est tabou qu'il faut en parler.

Et si on se parle franchement, on comprend que c'est à tous ceux qui partagent le projet québécois à se décider de se donner un pays, s'ils veulent s'assurer de la loyauté des immigrants et des néo-Québécois qui ont immigré... au Canada. Il faut se rappeler qu'ils ont quitté leur pays pour des raisons économiques ou politiques et qu'ils se retrouvent dans un pays où, sans la citoyenneté, ils sont sans droits, sans existence en quelque sorte. Quand le pays d'accueil, représenté par la Reine au Canada, leur confère la citoyenneté à la suite de leur serment, il leur donne la vie sociale et politique. En échange, le pays d'accueil obtient leur loyauté, une loyauté qui se comprend, une loyauté qui se respecte, une loyauté que partagent les enfants. Quand, en plus, ces immigrants et ces néo-Québécois voient l'extrême importance que prend l'anglais pour obtenir et conserver un emploi et la possibilité de se déplacer vers l'Ouest du Canada ou les États-Unis, malgré la sympathie que certains peuvent avoir pour le projet québécois, leur intérêt s'ajoute à leur loyauté pour leur indiquer d'apprendre l'anglais. Le français n'est qu'un passage obligé pour leurs enfants qui le prennent bien ainsi.

Quand le peuple québécois se décidera à être souverain, il sera celui qui accorde la citoyenneté et qui obtient en échange la loyauté. Et nous savons que nous aurons tout intérêt à investir temps et ressources pour aider les nouveaux immigrants à s'intégrer. D'ici là, il ne faut pas être surpris de l'attitude de la majorité des néo-Québécois face au projet souverainiste. On peut être peiné. On ne peut pas ne pas les comprendre. Que l'on se tienne debout et ils comprendront.

Mais, saluons bien bas ceux qui ont décidé de prendre fait et cause pour la petite nation québécoise, dont ils partagent à part entière le projet.

Une politique familiale digne de ce nom

Certains peuvent voir poindre l'oreille d'une politique nataliste et lancer les hauts cris. Ce dont il est question ici, c'est de l'avenir du peuple et de la nation québécoise et du projet de société indispensable pour le dessiner et le forger. Les jeunes qui vivront dans cette société ne s'opposent pas à ce qu'on parle de natalité, ni les jeunes femmes ni les jeunes hommes ; ils ont un grand désir d'enfants.

Le Québec doit se donner une politique familiale qui permette aux couples d'avoir et d'élever les enfants qu'ils veulent sans devoir en payer un prix trop lourd. Ce qui signifie qu'il faut donner aux jeunes la possibilité d'avoir et d'élever décemment les enfants qu'ils veulent. N'est-on pas jeune de 18 à 35 ans de nos jours ? Cette définition n'est-elle pas extrêmement significative de la place que prennent les jeunes de 18 à 35 ans dans notre société vieillissante ? Dans ma jeunesse, à 22 ans, on était un homme ou une femme, pas « un jeune ».

Il y a péril en la demeure. Quand on s'y arrête, n'est-il pas frappant de constater combien les conditions faites aux jeunes ont changé depuis vingt-cinq ans ? Alors qu'un jeune homme ou une jeune femme pouvait facilement se trouver un travail suffisamment rémunérateur pour élever modestement une famille de quelques enfants dans une entreprise où lui passerait sa vie et elle travaillerait par intervalles, cette perspective est fermée aujourd'hui au plus grand nombre, sinon à tous. La plupart des emplois sont à durée limitée, précaires. Souvent ils sont peu rémunérateurs. Les diplômés universitaires, sauf s'ils proviennent d'une famille aisée qui a payé leurs études, sont souvent endettés ; ils n'ont pas non plus de perspective d'emploi stable et, en conséquence, reportent à plus tard, sinon à jamais le rêve même d'avoir des enfants.

Mais il y a plus, « haro sur la stabilité d'emploi » est le slogan à la mode. Les entreprises n'ont d'autre objectif que de rationaliser ou selon le mot anglais plus direct « to downsize » même quand elles font des profits faramineux. Un article du *Business Week* du 17 juillet 1995 s'en était inquiété vivement, de même que de la tendance compulsive des entreprises à diminuer les salaires des employés même si les profits se situent à un niveau des plus élevés en 45 ans. Nous vivons en pleine idéologie !

La difficulté de se trouver un emploi comportant un minimum de sécurité sert de repoussoir à l'idée d'établir une famille, et ce, avant même de penser à l'effet dissuasif supplémentaire que constitue l'instabilité des couples, partiellement liée à l'insécurité économique.

Ces faits troublants établissent hors de tout doute que, pour le peuple québécois, remodeler la société pour permettre aux jeunes qui le veulent d'avoir une famille est une obligation, une nécessité, une question de survie. Il ne s'agit pas que d'assurer une aide décente aux parents ; il s'agit de revoir le marché du travail, il s'agit de revoir la vie pour qu'ils puissent s'y faire une place et un avenir. À quoi peut servir toute cette mobilisation politique autour de la souveraineté si ce n'est pour aider les hommes et les femmes qui viennent après nous à avoir les enfants qu'ils veulent et à les élever décemment, à être heureux dans une société que l'on veut douce et à jouer pleinement leur rôle de citoyen conscient dans un pays ouvert et solidaire.

Si une aide décente aux jeunes désireux d'avoir des enfants est nécessaire pour infléchir la courbe de dénatalité, elle n'est pas suffisante. L'État ne peut tout faire, mais son action est indispensable pour permettre la reproduction du peuple québécois. Le reste est l'affaire de la société civile et des jeunes eux-mêmes.

Pourquoi un si vibrant plaidoyer ? Parce que le Canada, qui compte sur l'immigration pour assurer son poids démographique, aide peu les familles et, quand il le fait, il n'aide que les familles démunies et à faible revenu laissant les familles à moyen et haut revenu décider de consommer des enfants ou des voitures.

Pour le Québec, c'est dramatique.

Les parents ont besoin d'une aide suffisante. Présentement, on ne peut parler d'une politique familiale digne de ce nom ni au chapitre de l'aide financière, des services de garde, de l'aide au logement, ni au chapitre des congés de maternité et parentaux ou de la garantie de retour au travail après l'accouchement. Regardons ce que coûte un enfant, deux enfants ou trois ou quatre et comparons avec le total de l'aide reçue quand on sait à combien reviennent les garderies. Même avec l'aide gouvernementale, un couple qui gagne environ 20 000 $ dépense presque autant d'argent pour laisser un enfant à la garderie que pour payer ses études universitaires. Et deux enfants alors ? Et quand ils vont à l'école et qu'il n'y a pas de service de garde ? Ou qu'il y a un enfant à la garderie et l'autre à l'école ? Même faire garder un enfant à la maison n'est pas facile et tout de même coûteux quand on sait combien il est difficile d'obtenir des reçus pour fins d'impôt.

Si un des conjoints décide de rester à la maison pour une année, il n'a pas droit au congé parental comme en Suède. Il risque de perdre son travail et, sur le plan fiscal, l'autre conjoint ne verra pas de différence, sauf si ses revenus de travail sont modestes. Benoît Tremblay, député du Bloc québécois, a rédigé un article intitulé *La Réforme Axworthy vue sous l'angle de la politique familiale* où il écrit : « ... l'écart favorable qui existe en faveur des couples avec enfants lorsque le revenu familial est très faible diminue rapidement à mesure que le revenu augmente ».

C'est encore pire pour les couples avec deux revenus :

Pour un même revenu familial dont la proportion de contribution des conjoints varie légèrement et de façon réaliste, les couples avec deux enfants dont le revenu familial dépasse 27 500 $ font face à des taux effectifs d'impôt plus élevés que les couples sans enfants.

Quant à la prestation fiscale pour enfants qui a remplacé en 1993 les allocations familiales, elle diminue quand le revenu familial est supérieur à 25 921 $ pour s'arrêter complètement quand le revenu familial atteint de 50 000 $ à 70 000 $ selon le nombre d'enfants. Le gouvernement fédéral verse 72 $ par mois pour le premier enfant, 84 $ pour le deuxième et 133 $ pour le troisième. Le Québec lui a maintenu des allocations familiales complémentaires dont les montants sont faibles, a introduit des allocations pour les enfants handicapés et en 1988 des allocations à la naissance suivant le rang de l'enfant de 500 $, 1000 $ et 8000 $, et pour jeune enfant.

Même en ajoutant les déductions fiscales pour frais de garde et l'aide aux services de garde, l'aide aux parents en regard des coûts qu'ils créent est bien mince, trop mince, d'autant plus mince qu'on sait que le Québec a un urgent besoin d'enfants.

Dans ces conditions, il faut vraiment aux couples qui décident d'avoir un ou des enfants une ferme volonté assortie de l'acceptation de se priver même si le revenu familial dépasse 50 000 $, et ce dans une période où l'incitation à la consommation, surtout des produits de luxe, domine. C'est inadmissible.

Peut-on s'étonner dans ces conditions que le taux de natalité soit si bas ? En revanche, comment accepter comme société que les jeunes, qui ont le goût d'avoir des enfants, ne puissent les avoir parce qu'ils n'en ont pas les moyens ? Et il ne s'agit pas loin de là d'un retour en arrière. Au contraire, il s'agit de faire une vraie place aux femmes et à leur compagnon qui décident d'avoir des enfants. Les luttes des femmes pour l'égalité et la maîtrise de leur corps ont été trop importantes pour que la volonté collective de se projeter dans l'avenir ne s'appuie pas sur elles. En fait, combien de femmes jeunes aimeraient avoir un bébé, mais savent qu'elles et leur compagnon ne peuvent se le permettre.

Le Québec dans le Canada ne peut se faire une politique familiale qui soit, comme le disait René Lévesque, « un tout bien coordonné et bien ajusté aux exigences du groupe humain auquel il s'adresse ».

Le Canada intervient par les allocations familiales devenues prestations fiscales pour enfants, par la fiscalité et par le Régime d'assistance publique du Canada. Sa politique a évolué d'une aide universelle à une aide de plus en plus ciblée et diminuée. La réforme Axworthy annonce l'intensification de cette politique. Or, les effets constituent un désastre pour le Québec.

Il faut à cet égard savoir deux choses importantes. La première : le fédéralisme canadien régit, par l'amendement à la Constitution sur les allocations familiales et par son pouvoir de dépenser, l'aide financière accordée aux familles et, par le Régime d'assistance publique du Canada (RAPC), le financement des services de garde et l'aide sociale. La deuxième, nous l'avons vu, le reste du Canada n'a pas les mêmes problèmes démographiques que le Québec. Il ne faut donc pas s'étonner que le projet de réforme des programmes sociaux de Lloyd Axworthy comprenne la disparition de toute aide aux familles autres que celles à très faibles revenus. En d'autres termes, il ne faut pas se surprendre du fait que le Canada, qui en possède les instruments essentiels, ne trouve pas nécessaire d'avoir une politique familiale qui aide toutes les familles et pas seulement les plus pauvres.

Pour le peuple québécois, cette proposition est encore plus désastreuse que la situation actuelle, ce qui n'est pas peu dire. Or, le Québec dans le Canada est absolument « prisonnier » de cette absence de politique familiale. Pourtant, ce n'est pas faute d'avoir essayé de ramener au Québec le contrôle sur les allocations familiales.

René Lévesque et Claude Castonguay ont pourtant bien essayé.

N'est-il pas en effet remarquable que René Lévesque en 1965 et Claude Castonguay en 1971, ministres, libéraux et fédéralistes, des Affaires sociales et de la Famille, aient considéré l'un et l'autre les allocations familiales comme un moyen primordial de justice sociale et de lutte à la pauvreté, et qu'ils aient voulu rapatrier ce pouvoir et qu'ils se soient heurtés l'un et l'autre au refus catégorique d'Ottawa ? René Lévesque écrivait en 1965 pour la conférence fédérale-provinciale :

> Dans le passé la politique de redistribution des revenus en fonction des charges familiales n'a pas progressé, car les allocations familiales relevant du gouvernement d'Ottawa sont demeurées les mêmes depuis vingt ans, sauf pour l'inclusion d'une nouvelle mesure d'allocations développées par le Québec, celle des allocations scolaires. Il est indéniable que la politique de redistribution en fonction des charges des familles

doit subir une révision complète pour que progresse une partie importante de la sécurité sociale dans notre milieu[4].

À son tour, Claude Castonguay a tenté, lors de la conférence constitutionnelle de 1971, de rapatrier les allocations familiales. Tout ce qu'il a obtenu, c'est la capacité pour le Québec de bonifier les allocations fédérales sans pouvoir décider de l'utilisation la plus appropriée pour les familles québécoises suivant ce que désirait René Lévesque en 1965 :

> Dans ces conditions, le gouvernement du Québec est à mettre sur pied une nouvelle politique de sécurité sociale, qui implique non seulement une réorganisation des programmes qu'il administre à l'heure actuelle, mais aussi la récupération de programmes fédéraux qui n'auront leur pleine efficacité qu'une fois imbriqués — et au besoin repensés — dans un tout bien coordonné et bien ajusté aux exigences du groupe humain auquel il s'adresse. Une telle intégration est d'ailleurs requise par la nécessité évidente de considérer les mesures sociales comme partie intégrante de notre politique d'ensemble de développement économique et social[5].

Lévesque avait compris mieux que tout autre qu'une politique préventive peut assurer que les écarts sociaux ne soient pas définitivement inscrits à partir de la naissance dans le développement des enfants. Le drame, c'est qu'au lieu de pouvoir rapatrier les allocations familiales et d'en faire un instrument de prévention sociale, le Québec s'est trouvé pris dans la dynamique de l'aide sociale quand le Régime d'assistance publique du Canada a été négocié et la loi d'aide sociale mise en place au Québec en 1969. Désormais, au lieu d'aider les familles dans le besoin par des allocations familiales généreuses, celles-ci recevront une aide de dernier recours qui se refermera rapidement comme un système, une trappe. Ce n'est pas pour rien

---

4. Mémoire du Québec, *Conférence sur la pauvreté*, 10 décembre 1965 dont Claude Morin dit qu'il a été rédigé par René Lévesque à partir du texte préparé par le ministère, p. 28.
5. *Ibid.*, p. 29.

que la France ne s'est pas donné avant les années 1990 une telle loi d'aide de dernier recours. La politique familiale en France est infiniment plus généreuse qu'ici, de sorte que les familles à revenu de travail faible peuvent arriver à joindre les deux bouts.

Pourtant, même incapable d'infléchir les politiques fédérales, au fil des années, le Québec a cherché à compenser les inconvénients de la politique fédérale. Mais la question de l'aide n'est pas simple. En fait, il existe deux types de politique : une nataliste où les gouvernements incitent les couples à avoir des enfants en leur offrant des sommes qui dépassent les coûts engagés par l'addition au ménage d'un enfant ; l'autre dite de compensation où, comme son nom l'indique, les gouvernements peuvent compenser en tout ou en partie les coûts engagés par les parents quand ils ont un enfant de plus.

La prime à la naissance suivant le rang de l'enfant que le gouvernement Bourassa a offert aux femmes est, pour les familles à faible revenu, du premier type. Mais cette prime s'arrête malheureusement avant d'aider les familles à élever ces enfants qu'elles ont pris en charge. Qu'arrivera-t-il de ces enfants, pourront-ils être gardés ou même habiter un logement convenable ? On peut comprendre que, pour une femme seule ou une famille vivant de l'aide sociale, la perspective d'un boni de 8000 $ pour le troisième enfant soit un attrait certain. Combien de fois, lors du porte à porte dans Saint-Henri, des jeunes femmes déjà les bras pleins d'un ou de deux enfants et vivant fort modestement me disaient planifier un autre enfant. Je les comprends.

De toute urgence, il nous faut une politique familiale digne de ce nom, adoptée aux besoins du Québec. Le programme du Parti québécois depuis 1988 comprend une allocation de 100 $ par mois pour le premier enfant, 200 $ pour le deuxième et 300 $ pour le troisième enfant, cette mesure devant être non imposable et universelle. En regroupant l'ensemble des dépenses faites par l'État pour aider les familles, une telle mesure peut être financée.

Faire la souveraineté, un signe d'espoir

Il n'y a pas de plus grand pari sur la vie que de faire un enfant. Or, combien de jeunes aujourd'hui — mais c'était vrai hier — hésitent ou refusent devant le spectacle affligeant que le monde en général présente. Pourtant, outre la vie qu'on mène, l'action individuelle et collective que chacun accomplit, rien ne plonge au cœur même de la vie du monde que de donner la vie et d'aider ensuite quelqu'un à devenir un homme, une femme.

Voter notre souveraineté, puis la faire, et accoucher enfin de ce pays potentiel qui existe et ne demande pas mieux que d'être, c'est aussi un geste d'espoir, un appel d'air à la vie, à la responsabilité et à s'éclater.

Si le peuple québécois comme peuple n'était condamné qu'à l'étiolement, à la louisianisation lente, on pourrait comprendre la réticence consciente ou inconsciente à prolonger son agonie, en refusant de faire des enfants. Au contraire, quand on sait qu'on peut préparer aux jeunes un avenir intéressant à la condition de se donner ce moyen indispensable, on fait des enfants et on les prépare à améliorer le monde, juste par ce qu'ils sont. Je fabule en pensant que cela peut avoir de l'influence ? Questionnez, vous verrez.

Langue et culture : malgré l'éclat des apparences, un avenir incertain

Allons donc ! Comment dire une telle énormité à l'heure où les artistes québécois font un malheur aux États-Unis, en France, dans le monde ! Quand les Céline Dion, Robert Lepage, le Cirque du Soleil, Michel Courtemanche, Louis Lortie, Michel Tremblay, Diane Dufresne, Margie Gillis, Luc Plamondon... tant d'autres se font acclamer ! Le présent est éclatant, mais l'avenir aussi !

De plus, de quel droit, avec quelle autorité, quelqu'un comme moi, qui n'ai jamais été identifiée à ce monde, pourrait se mettre à parler de langue et de culture ?

Parce que la langue et la culture sont un patrimoine commun, la fibre même de ce qui nous fait différents, durablement différents, un peuple et pas seulement la chasse gardée des artistes, des critiques et des experts. Toute personne à ce titre est concernée par l'avenir de la langue et de la culture. Mais il y a plus. Ce patrimoine est vivant, il change, il évolue, s'enrichit ou s'appauvrit selon ce qu'en fait chaque génération.

On ne peut s'intéresser à l'avenir de son groupe humain, extraordinaire et fragile à la fois, sans être éminemment préoccupé par la culture et la langue.

J'ajoute simplement que, à titre de conseillère au programme pour le Parti québécois, j'ai travaillé avec d'autres à ce qui devait être un document de travail devant fonder la politique du parti en matière de culture. Nous avons beaucoup lu, fait des recherches, discuté, rencontré des spécialistes, beaucoup écrit. Ce document n'a jamais été présenté au Conseil national pour des raisons qui tiennent à la vie des partis, mais, ayant pris beaucoup de mon temps, il m'a beaucoup appris.

Si je tiens à parler de culture et de langue, c'est que, malgré l'éclat vibrant des apparences, notre culture et notre langue, si on ne fait pas la souveraineté, peuvent être gravement menacées.

La langue et la culture sont intimement mêlées, s'enrichissent l'une l'autre ou s'appauvrissent, voilà pourquoi je les présente ensemble.

La culture québécoise

Une histoire, une langue, une culture, un territoire et un vouloir-vivre collectif fondent notre droit à l'autodétermination. Nous sommes un peuple, une nation. Nous avons une culture unique, française d'origine mais profondément nord-américaine et burinée par les apports nombreux des autochtones, des Anglais (nos chers conquérants), ainsi que des générations successives d'immigrants. C'est pour défendre cette culture que je veux la souveraineté. C'est pour assurer qu'elle puisse s'enrichir et être un levier de notre développement, à tous points de vue, que je ne peux tolérer davantage de nous voir contraints à la survivance, constamment assiégés et obligés d'être aux aguets.

Peut-on endurer plus longtemps de devoir descendre dans la rue pour chaque jugement d'une Cour dite suprême qui restreint nos droits collectifs de peuple distinct, plus différent du Canada que le Canada n'est différent des États-Unis ? Nous avons tant à faire qu'on ne peut accepter d'être ainsi obligés de tant investir dans la survivance. C'est demain que je veux construire. Pour mes enfants et les enfants de mes enfants et tous les citoyens du Québec qui veulent partager notre destin.

Voilà ! C'est bon à dire, d'un seul souffle.

La culture désigne souvent l'ensemble des connaissances acquises par une personne comme dans l'expression « une personne cultivée » ou encore l'ensemble des aspects intellectuels d'une civilisation, mais la culture, au sens où je veux en parler ici, comprend aussi l'ensemble plus large des formes acquises de comportement qui caractérisent un peuple aussi bien qu'elles le transforment. Ainsi, la culture québécoise ne peut être réduite à l'art quelles que soient ses formes ni au savoir bien qu'elle les comprenne.

Dans ce sens plus large, toute culture représente d'abord une accumulation laissée par les générations précédentes : le patrimoine, tout le patrimoine bâti et vivant ; c'est aussi la personnalité d'un peuple graduellement forgée par l'histoire, sa façon d'être, de faire, de s'organiser et de s'amuser, ses valeurs ; ce sont enfin le savoir et l'expérience, les institutions, l'art et les œuvres de celles et ceux qui nous ont précédés.

La culture est aussi transmission et recréation, enrichissement. Marquée jusqu'au tréfonds par les conditions particulières de l'existence de chaque époque, la culture est interprétée lorsqu'elle est transmise. Elle est un code qui permet aux personnes faisant partie du groupe de se reconnaître au-delà de leurs différences. Chaque génération, selon son histoire, ses moyens et ses modes d'expression propres, recrée et peut enrichir la culture ou l'appauvrir.

En fait, il me semble que si on s'inspire de l'image du bagage génétique qui programme largement l'individu à la naissance, on pourrait caractériser l'influence de la culture sur l'individu et l'action de l'individu sur la culture de « bagage culturel » commun dont on hérite à la naissance, qu'on transforme au fil de la vie et qu'on remet à la mort, puisque ce que nous aurons fait contribuera à son tour à enrichir, transformer, recréer la culture du peuple québécois. L'aspect dynamique de la culture fait que l'action individuelle aussi bien que l'action collective enrichit le bagage commun. Celles et ceux qui viennent d'ailleurs ont aussi leur bagage qu'ils emmènent et qu'ils transforment au contact du nôtre tout en influençant le nôtre aussi bien.

N'est-ce pas que cette compréhension permet de souligner le don que chacun laissera dans le bagage collectif fait des apports de chacun, mais plus grand et d'une autre nature que leur simple addition, mais elle peut aussi bien désigner une perte, une diminution, un affaiblissement, un affadissement de la culture qui se répercutera sur nos enfants et sur leur société.

Accumulation, transmission, interprétation, création et recréation, enrichissement constituent un système dynamique dont les éléments sont en interaction constante, expression renouvelée de l'identité d'un peuple. Ce cycle culturel est le bagage culturel commun. Il est multiple.

Plus les individus ont de connaissances, plus ils développent leurs capacités et leurs talents propres, mieux ils maîtrisent leur langue et d'autres, plus ils créent, plus ils puisent dans le bagage culturel commun, québécois ou mondial, plus ils y participent, plus ils y ajoutent, mieux ils comprennent l'univers, plus le peuple est riche, culturellement, plus le monde est riche, plus leurs enfants seront riches et commenceront la vie avec un fort bagage. L'inverse est vrai.

N'est-ce pas extraordinaire de constater que de se parler de la vie de la nation et du peuple renvoie à des données essentielles de la vie, et ce, dans cette période où les seules valeurs proposées sont liées à l'argent, à la possession de biens, où le bonheur n'est pas dans l'être mais dans l'avoir ?

Qu'est-ce que le fait d'être souverains pourrait bien changer, protéger, permettre dans la vie culturelle des Québécois ?

Pour certaines personnes ? Rien. Mais la culture d'un peuple et d'une nation justement, c'est plus, beaucoup plus que cela.

Or, une menace importante plane sur la culture québécoise.

À l'ère des communications, le Québec est complètement absent du contrôle des ondes

Pas plus pour la culture que pour la langue, le gouvernement québécois ne détient les pouvoirs ni les moyens de remplir le devoir que lui confère le fait d'être le seul gouvernement élu par ce peuple québécois, planté comme un village gaulois en terre d'Amérique.

La Cour suprême dans un jugement dont la portée est incommensurable vient de statuer que le Québec n'a aucun droit sur le champ des communications qui est défini de juridiction fédérale exclusive. Quand on sait l'extrême importance des communications pour la langue, pour le développement culturel et économique, on ne peut qu'être effaré. N'est-on pas à l'ère dite des communications ? Tout le monde ne jure-t-il pas par l'autoroute électronique ? Les ondes ne jouent-elles pas pour l'esprit le même rôle que l'eau et les aliments pour le corps ? Or, le gouvernement du Québec, le seul gouvernement du peuple et de la nation québécoise, n'a aucune prise sur les communications. Il doit se fier au Conseil de radiodiffusion et de télévision du Canada, le CRTC, qui lui-même dépend étroitement du gouvernement fédéral.

Quand on songe que le contrôle des ondes échappe totalement au Québec, alors que l'écoute de la radio, de la télévision, des films vidéo exerce une influence majeure sur la culture. D'une part, c'est la principale source d'information, de loisir et le véhicule des diverses formes d'expression culturelle. D'autre part, la création et la production culturelle passent largement par la radio-télévision-cinéma. En fait, au moins

80 % des revenus des artistes, travailleurs et artisans des arts de la scène et du cinéma proviennent de cette source.

Ainsi, c'est le gouvernement fédéral qui légifère seul sur la radiotélévision et qui prépare le Canada, sans tenir compte des caractéristiques propres du Québec, à l'ère des télécommunications et de l'autoroute électronique. C'est le CRTC qui émet les permis d'utilisation des ondes en posant les conditions qu'il estime essentielles, mais on a même vu le gouvernement fédéral intervenir directement sans se soucier du CRTC. C'est enfin le gouvernement fédéral qui subventionne aussi la Société Radio-Canada dont il vote la loi constitutive et les budgets.

Cette constatation est encore plus troublante quand on sait que le comportement des Québécois et des *Canadians* face à la production télévisuelle québécoise et *canadian* est extrêmement différent. Les Québécois consomment très majoritairement la production québécoise. Bravo ! Les *Canadians* consomment américain, y compris l'information. Ce n'est pas sans leur poser des problèmes considérables dont on ne peut pas dire que la conscience soit aiguë. On comprend que cet état de fait influence toutes les personnes qui travaillent dans la chaîne de décisions, y compris les politiciens et les membres du CRTC.

Est-ce pour cette raison que la Société Radio-Canada dispose, pour chaque heure de production en français, d'un budget deux fois plus petit que CBC ? Alors que CBC, aux heures de grande écoute, atteint 11 % à 13 % de la population canadienne. La Société Radio-Canada, aux mêmes heures, touche entre 30 % et 33 % de l'auditoire francophone. En termes absolus, c'est à peu près le même nombre de personnes. Pourquoi alors cette différence ?

Radio-Canada a décidé en décembre 1991 qu'elle n'avait plus les moyens de produire d'émissions ni de bulletins d'informations régionale et locale, à partir des régions du Québec, comparant leur situation à celle de n'importe quelle autre région du Canada, indépendamment de l'écoute encore une fois. Ce fut dramatique pour les régions. Que pouvait faire le gouvernement québécois ? Rien.

Quand le gouvernement fédéral sabre ainsi dans les budgets de Radio-Canada, il commet une profonde injustice : le réseau anglais ne joue pas pour le Canada le même rôle que le réseau français pour le Québec. Il faut dire que l'ensemble de la production télévisuelle canadienne-anglaise, publique et privée réunies, n'attire aux heures de grande écoute que moins de 20 % de l'audience potentielle alors que c'est plus de 80 % au Québec. Quand on songe que *La petite vie* peut attirer jusqu'à 4 millions d'auditeurs sur 7 millions, alors que la *Royal Air Farce* sable le champagne quand elle attire plus d'un million sur 20 millions de téléspectateurs, on parle de deux cultures différentes, de deux milieux de production avec des rapports extrêmement différents avec leur public, on parle de deux pays.

Ces différences expliquent que certains voient l'avenir de la télévision publique au Canada comme celui de PBS aux États-Unis, sur câble et financé avec l'aide des téléspectateurs. Ce serait dramatique pour le Québec de réserver le même sort à la Société Radio-Canada.

On peut se demander comment le Canada ne s'inquiète pas du fait que la population canadienne n'alimente son esprit qu'à la télévision américaine. Quand on sait le rôle culturel énorme que la télévision joue, on peut penser que les *Canadians* s'américanisent probablement rapidement. On comprend mieux encore qu'ils ne comprennent pas ce qui se passe au Québec.

Mais ce qu'il faut voir, pour l'avenir, ce sont les pressions croissantes que la production américaine exercera sur cette production locale dont les coûts ne cessent de croître. Ce qu'il faut savoir aussi, c'est la direction que prennent les nouvelles technologies : une offre de plus en plus grande de produits variés que les produits québécois (aussi bien que canadiens) seraient incapables de concurrencer. Même la culture française, tout en venant au secours de la culture québécoise, peut lui faire compétition quand on sait que les satellites français vont pouvoir diffuser à travers le monde des émissions immédiatement traduites en cinq langues et aisément captables avec un petit appareil qui n'a rien à voir avec les énormes capteurs actuels.

Pourtant, le 6 janvier 1994, lors de la consultation publique sur l'autoroute électronique, l'Association des producteurs de films et de télévision du Québec, Cogeco Radio-Télévision Inc., La Guilde des musiciens du Québec, le Réseau de télévision Quatre-Saisons, la Société des auteurs, recherchistes, documentalistes et compositeurs, la Société de radio-télévision du Québec (Radio-Québec), la Société Radio-Canada (télévision française), Télé-Métropole Inc. et l'Union des artistes ont d'une même voix soutenu dans un mémoire que :

> Le Québec compte quelque 7 millions d'habitants, dont 5,5 millions de francophones. Le système francophone se compose pourtant de quatre réseaux hertziens nationaux, d'une vingtaine de stations locales, de services de télévision communautaire dans la plupart des agglomérations urbaines, de chaînes d'enseignement, d'éducation ou de retransmission des débats parlementaires, d'une chaîne de télévision payante, de sept services spécialisés offerts à l'ensemble des abonnés du câble, lesquels représentent près de 70 pour cent des foyers de la province. On y trouve aussi le premier véritable système de télévision interactive au monde, disponible aujourd'hui dans environ 240 000 foyers.

> Cet ensemble de services s'est développé dans un environnement hautement concurrentiel. La télévision québécoise francophone affronte chaque jour les défis que lui posent les télévisions de langue anglaise, canadiennes et américaines, généralistes et spécialisées. Satisfait que les émissions qu'il regarde lui renvoient le plus souvent l'image de sa culture, le public québécois témoigne heureusement d'une fidélité indéniable à l'endroit de ses services de télévision francophone. Au

printemps 1994, 43 des 50 émissions les plus suivies sur les chaînes francophones avaient été produites au Québec.

Au début de l'ère des communications, une grande partie du support de l'expression ou de la création artistique et le véhicule principal de la culture sont les ondes. McLuhan a même prévu que le médium lui-même deviendrait le message, la culture. Or, non seulement le Québec vient de se faire exclure définitivement du champ des communications par le jugement de la Cour suprême, mais à une époque de bouleversement profond dans ce secteur, alors qu'il n'est plus du tout évident que le Canada est intéressé à défendre l'intégrité culturelle canadienne face aux produits américains, le Québec est à la merci des décisions soit du gouvernement fédéral, soit du CRTC. Pieds et poings liés. Alors que la culture est différente, le marché et les besoins sont différents, les joueurs public et privé sont différents, les syndicats sont différents. Alors que le développement de la technologie auquel les industries d'ici participent pourrait permettre au Québec des choix radicalement différents de ceux que le Canada a déjà faits, ou s'apprête à faire sans tenir le moindrement compte du Québec. Exprès ? On pourrait le penser.

Ce rapide survol permet de conclure qu'il y a quelque chose qui ressemble à l'heure des choix dans ce domaine. Si le Québec était souverain, il devrait y avoir des débats, probablement houleux, pour savoir si l'on conserve un monopole de la téléphonie, si l'on opte pour telle technologie ou telle autre, quel type de règlement on conserve, où on investit, quel sera le rôle de Radio-(Canada)-Québec ? Mais on s'approprierait le débat, politiciens, éditorialistes, groupes organisés, syndicats, spécialistes et gens intéressés et consommateurs ! On se préoccuperait du sort de la langue française et de la culture québécoise ! Aujourd'hui, en dehors des spécialistes et des compagnies en cause et de quelques députés du Bloc à Ottawa, qui entend parler de la véritable révolution qui se prépare ?

Ce fait est extrêmement inquiétant si l'on se rappelle que les gouvernements du Parti conservateur et du Parti libéral ont, à toutes fins utiles, laissé aller tous les éléments de la production culturelle *canadian* aux compagnies américaines qui ont voulu les acheter, des salles de cinéma jusqu'aux maisons de distribution de films étrangers, en passant par les maisons d'édition, y compris celles qui se spécialisent dans la production de manuels scolaires.

Mais il y a plus, Pierre Elliott Trudeau savait à quel point la culture, les communications peuvent être utilisées au service d'un projet politique, en l'occurrence ce qu'il appelle « le nationalisme fédéral » dans *Le fédéralisme et la société canadienne-française* :

> Un des moyens de contrebalancer l'attrait du séparatisme, c'est d'employer un temps, une énergie et des sommes énormes au service du nationalisme fédéral. Il s'agit de créer de la réalité nationale une image si attrayante qu'elle rende celle du groupe séparatiste peu intéressante par comparaison. Il faut affecter une part des ressources à des choses comme le drapeau national, l'hymne national, l'éducation, les conseils des arts, les sociétés de diffusion radiophonique et de télévision, les offices de film[6].

Le Québec a assisté, souvent impuissant, à l'utilisation de sa culture contre lui-même et au service d'un beau grand Canada unitaire.

C'est assez. Le Québec a besoin d'une politique et d'un droit strict à légiférer dans le domaine des communications, à représenter le Québec dans les instances internationales sur cette importante question. C'est au sens fort une des raisons pour lesquelles il nous faut la souveraineté.

---

6. Pierre Elliott Trudeau, *Le fédéralisme et la société canadienne-française*, Montréal, HMH, 1967, p. 204.

La langue française ?
Tout va très bien madame la marquise !

Je sais que l'état et l'avenir de la langue française pour l'instant ne mobilisent pas beaucoup de monde. Et que l'intention des jeunes anglophones de quitter le Québec, advenant la souveraineté, provoque par contre de l'inquiétude. Je la partage, mais la fréquentation des statistiques ne me permet pas un bonheur linguistique tranquille. Je voudrais d'abord d'un seul coup énumérer les problèmes auxquels il faut absolument s'attaquer et j'insisterai ensuite sur quelques-uns. Histoire de constater que, pour la langue aussi, la souveraineté est essentielle.

La globalisation des marchés et l'internationalisation des communications instantanées, l'invasion du travail sur ordinateur en même temps que de la langue anglaise vont exercer un impact considérable sur la langue et obliger à défendre autrement la langue française. Pour travailler en anglais et ne pas perdre la qualité de sa langue, il en faut une maîtrise parfaite et pas seulement une connaissance approximative. Or, celle-ci est plutôt généralisée, la règle plutôt que l'exception. Cette exigence et cette rigueur nouvelle, pourrait-on dire, se manifestent en un bien mauvais moment. Ces quelques générations d'étudiants cobayes d'un enseignement de la langue, dont le moins qu'on puisse dire c'est qu'il n'était pas adéquat, sont les nouveaux et brillants enseignants, journalistes, spécialistes en communication, professionnels qui n'ont appris qu'un français douteux.

Peut-être seront-ils les premiers à exiger avec vigueur un enseignement de la langue française de qualité ? Ils ne sont pas responsables d'un triste héritage qu'ils ont probablement à cœur de ne pas léguer à leur tour aux plus jeunes, mais qui exige d'eux, s'ils veulent être à la hauteur des exigences de la langue française, un effort supplémentaire certain pour lequel il faut les féliciter. De toute façon, dans notre environnement, la maîtrise de la langue française n'est pas facile à acquérir pour quiconque.

La langue et la culture sont donc soumises à de nouvelles pressions qui, en cette fin de siècle, transforment complètement leurs conditions d'existence et de renouvellement. Si c'est vrai pour de grands pays comme la France, c'est à plus forte raison vrai pour le Québec de la fin des années 1990. Même avec plus de logiciels en français, par exemple — et nous savons que les Québécois se sont taillé une niche dans leur fabrication — tout le domaine de la communication directe d'une entreprise à l'autre, d'un pays à l'autre, continuera d'être dominé par la langue anglaise. Il y a même des conseils d'administration très majoritairement composés de francophones québécois qui se sont mis à l'anglais au sein de leurs opérations internationales justement. Il y a de vrais besoins. Il y a, bien sûr, une mode également et les Français n'en sont pas les moins friands.

On comprend que, dans ce contexte, le Québec, dans le Canada, vit une situation extraordinairement désavantageuse. Seulement pour maintenir son poids linguistique, sans tenir compte ni de la qualité de la langue ni de l'influence puissante des États-Unis, la langue française doit attirer les immigrants et les nouveaux citoyens. Les facteurs qui déterminent son attrait et sa force sont bien connus : le poids numérique, le taux de natalité, la concentration linguistique, les flux migratoires, les transferts linguistiques. Ainsi, même avec la loi 101, la position relative de la langue française au Québec s'affaiblit, si on considère que les transferts linguistiques se font encore majoritairement vers l'anglais. Or, même si *Les indicateurs de la langue du travail au Québec* pour 1994 nous apprend que 56 % de la main-d'œuvre travaille désormais 90 % du temps en français dans la grande région métropolitaine, on peut être certain que, sur l'île de Montréal, les travailleurs utilisent la langue anglaise largement. Or, c'est là que se concentrent les immigrants et les nouveaux Québécois. C'est là qu'ils apprennent que, malgré la loi 101, la langue du travail, c'est l'anglais.

Que dire de l'assimilation rapide des francophones en dehors du Québec ? Il faut vivre à Ottawa, ville bilingue, pour saisir la terrible et constante pression qu'y vivent les francophones. Et pourtant, pour l'Association canadienne-française de l'Ontario (ACFO), la présence de la capitale bilingue en Ontario est considérée comme un atout qui ralentit l'assimilation. Les taux d'assimilation sont passés de 33,4 % en 1986 à 38,2 % en 1991. L'Est affiche la plus grande stabilité du fait français, le taux n'y ayant augmenté que de 3 points de pourcentage entre 1986 et 1991. Siège du gouvernement fédéral, proximité du Québec, la région jouit aussi d'une plus grande complétude institutionnelle, ce qui contribue à la vitalité du français[7].

Mais si l'ACFO est satisfaite du ralentissement de l'assimilation dans la région est, elle nous explique l'ampleur de cette assimilation en Ontario :

La proportion des personnes de langue maternelle française utilisant l'anglais comme seule langue parlée à la maison — plus du tiers des Franco-Ontariens et Franco-Ontariennes — est un indicateur de la force de l'assimilation à l'anglais. Fait intéressant, seule une faible minorité parmi la population de langue maternelle française déclare avoir le français et l'anglais comme langues parlées[8].

Il faut noter que la population francophone de l'Ontario est la plus nombreuse, 485 000 personnes dont 300 000 ont le français comme langue parlée, et qu'elle se classe au deuxième rang pour ce qui est de son taux d'assimilation. Les Acadiens du Nouveau-Brunswick sont le noyau le plus fortement résistant à l'assimilation avec un taux de 8,7 %. Fait à noter, ces deux communautés sont situées tout près du Québec.

7. Les réalités franco-ontariennes, juin 1994, p. 9.
8. Ibid., p. 8.

Voici le tableau complet des taux d'assimilation en 1986 et en 1991 et de leur variation.

Taux d'assimilation, régions francophones, provinces et territoires, 1986-1991, variation

Province et territoire	Taux d'assimilation 1986	Taux d'assimilation 1991	Variation %
T.-N. et Lab.	24,7	55,3	30,6
I.-P.-É.	42,6	47,6	5,0
N.-É.	31,8	41,1	9,3
N.-B.	6,8	8,7	1,9
Ontario	33,4	38,2	4,8
Manitoba	47,1	52,1	5,0
Saskatchewan	68,6	69,6	1,0
Alberta	62,8	66,9	4,1
C.-B.	72,7	75,2	2,5
Yukon et T.N.-O.	58,4	56,6	-1,8
Total (rég. H.-Q)	31,4	35,9	4,5
Canada	**4,8**	**4,5**	**-0,3**

Sources : Portrait statistique des régions francophones hors Québec, Institut canadien de recherche en développement régional, 1992 (pour les données de 1986) et 1994 (pour les données de 1991).

Le temps est vraiment venu de crier la nécessité de la souveraineté pour la langue française et la culture québécoise, même quand on songe aux francophones qui vivent ailleurs au Canada. Quel meilleur témoignage et appui en effet peut-on donner aux francophones du Canada que celui d'un pays d'Amérique où l'on vit, travaille, crée, produit, prospère en français ?

Il ne faut pas oublier que le peuple québécois, francophone à 83 %, ne compte qu'un peu plus de 6 millions de francophones, dont près de 40 % dans la région de Montréal. Il est donc absolument vital pour lui de s'assurer que sa langue et sa culture soient vivantes, qu'elles aient tous les moyens de s'épanouir et de rayonner. On peut penser qu'elles auront toujours besoin d'être protégées. Dans le contexte constitutionnel actuel, cette simple affirmation normale et minimale de principe est pourtant hors de la portée du peuple québécois.

La Constitution canadienne, y compris l'Acte constitutionnel de 1982, la Charte canadienne des droits et libertés, la Loi des langues officielles et le pouvoir de dépenser du gouvernement fédéral justifient autant d'interventions qui peuvent empêcher le Québec d'élaborer les lois et les mesures qu'il veut, d'être ce qu'il veut. Il ne faut pas oublier que les acteurs politiques au Canada anglais savent que leur langue n'est pas menacée. Au contraire, elle participe au grand spectacle de l'anglais, nouvelle *lingua franca* du village global, selon certains auteurs déjà en perte de vitesse. Quant à la culture canadienne, il faut rappeler que Sheila Finestone, secrétaire d'État au Multiculturalisme, insistait pour dire qu'elle n'existait pas.

La langue française et son histoire au Québec

Une langue ne peut vivre qu'à la condition d'être le véhicule normal de la communication et le support de la pensée d'un peuple. Elle doit être transmise par la famille et apprise à l'école dans son raffinement, ses difficultés, son esprit, ses divers niveaux. Elle doit exprimer l'art et la création aussi bien que le divertissement. Elle doit servir à gagner sa vie, à étudier, à échanger avec les autres. Elle doit être, au plein sens du mot, utile. Ainsi, elle apparaîtra comme le moyen incontournable d'intégration pour les immigrants et les nouveaux citoyens.

Nous vivons au Québec une situation très paradoxale : d'une part, la langue française peut apparaître en meilleure position et en meilleure santé qu'elle ne l'a jamais été, mais, d'autre part, elle subit des pressions d'une force jamais connue dans l'histoire. Comme il n'y a que peu d'indicateurs de cette santé et des pressions qui s'exercent, certains peuvent penser que tout va bien dans le meilleur des mondes et crier aux Cassandres devant le rappel de la puissance des agents assimilateurs qui sont à l'œuvre. D'où l'importance de comprendre pourquoi la langue française s'est maintenue au Québec jusqu'aux années 1960 et pourquoi soudain elle est apparue et apparaît éminemment menacée malgré la loi 101.

D'abord, la langue française a été la langue des vaincus de 1760. Elle a longtemps eu ce statut, malgré la complaisance à son endroit de quelques gouverneurs anglais[9], le courage d'hommes politiques ayant troqué l'identité canadienne première contre celle de Canadiens français, l'enseignement offert par le clergé, la forte fécondité des femmes canadiennes-françaises et surtout malgré les lois britanniques successives qui l'ont fait sortir de la clandestinité.

Hors la loi et langue du conquis depuis 1763, retrouvant droit de cité en 1774 dans la foulée de la menace de sécession des colonies américaines, elle est en effet bannie de nouveau dans l'Acte d'Union de 1840 qui l'interdit à la Chambre de la Province du Canada, après l'insurrection ratée de 1837-1838. La Fontaine dès 1848 obtient son rétablissement, et en 1867 Thomas Chapais sera fort heureux des gains faits par la langue

---

9. Maurice Séguin se plaisait d'ailleurs à dire que la langue française n'a pas été menacée par la conquête britannique puisque, lorsque les Canayens étaient peu nombreux, les gouverneurs britanniques ont fait en sorte d'installer les immigrants anglais ou américains non pas parmi les colons français, mais de chaque côté, dans les Eastern Townships et dans le Haut-Canada. Quant à Durham et à son projet d'assimilation, il était trop tard pour le mettre à exécution, les Canadiens français étaient trop nombreux.

française dans l'Acte de l'Amérique du Nord britannique qui l'inscrit comme une des deux langues officielles. On le comprend mieux à la lumière des débats constitutionnels d'aujourd'hui. On peut être en effet absolument certain que le Canada hors Québec refuserait, en 1995, de donner à la langue française le statut qui est le sien dans la Constitution de 1867. Les gains législatifs et constitutionnels ne changeaient rien cependant à la place tenue par la langue française dans la vie quotidienne. La vie privée sur la ferme, la vie de la paroisse, les échanges entre Canadiens français se faisaient en français. Mais la langue du grand commerce, la langue des patrons et des contremaîtres parfois celle du travail, même celle de la politique quand prévaut le désir d'être compris des autres députés, c'est la langue anglaise. La langue française demeure la langue des vaincus. Durham dirait « des porteurs d'eau ». La forte immigration d'ouvriers des îles Britanniques fera même de la ville de Montréal une ville à majorité anglaise de 1834 jusqu'après la Confédération. Quand la métropole redeviendra à majorité française dans la foulée de l'exode des campagnes vers la ville, la langue du travail, la langue du commerce, la langue des affaires, sauf dans les entreprises et commerces canadiens-français et encore, continuera d'être l'anglais.

Linteau et ses collaborateurs, dans *L'Histoire du Québec contemporain*[10], citent André Siegfried qui, visitant Québec et Montréal au début du siècle, fut choqué de ce qu'il y vit : à Québec « l'anglais semble être la langue des dirigeants et le français celle des inférieurs » ; à Montréal « certains étrangers peuvent y séjourner des semaines entières, y fréquenter les hôtels, les banques, les magasins, les gares, sans se douter le moins du monde que la ville est en grande majorité française ». Le recensement de 1901 faisait état, en effet, d'un pourcentage

---

10. Paul-André Linteau, René Durocher, Jean-Claude Robert, *Histoire du Québec contemporain*, tome 1, Montréal, Boréal Express, 1979, p. 68.

de 63,9 % de la population de l'île de Montréal qui était de langue française.

Par ailleurs, la langue française héritée de la Nouvelle-France est la langue parlée dans la France d'avant la Révolution de 1789, principalement dans les provinces du Nord. Les contacts avec la France seront coupés pendant de nombreuses années après la Conquête. Les conséquences en seront importantes : d'une part, la langue des Canadiens français évoluera d'une façon fort différente de celle de la France, ce qui n'était pas un tort ; mais, d'autre part, dans la colonie devenue britannique on manquera de tout pour enseigner le français, de manuels, de professeurs et d'écoles.

Le travail des enfants dans les usines perdure au Québec longtemps après les débuts de la révolution industrielle : la loi tarde à l'interdire, mais surtout l'école ne devient obligatoire qu'en 1943. On ne peut faire ici l'histoire pénible de la lente évolution de la scolarisation des Canadiens français. Au début de la Révolution tranquille, le nouveau gouvernement constate avec ahurissement qu'une majorité des travailleurs n'a pas terminé son primaire. Seul temps fort, l'enseignement donné dans les collèges classiques, mal adapté pour les sciences et les affaires, mais qui formera des têtes bien faites, en tous cas pour la politique.

La langue française est alors objet de mépris et ceux qui la parlent sont tout à fait au bas de l'échelle des salaires, de la scolarisation et de l'obtention de diplômes, écartés des postes de cadre et du contrôle de l'économie, au Québec même, comme le révélera la Commission Tremblay en 1954 et au Canada plus tard, la Commission royale d'enquête sur le bilinguisme et le biculturalisme (Commission Laurendeau-Dunton).

N'empêche, aussi longtemps que la fécondité est forte et la société étanche, les Canadiens français du Québec sont dominés, colonisés, mais leur langue n'est pas menacée. La paroisse, l'école, la famille l'entretiennent. La politique au Québec se fait en français même si le ministre des Finances est toujours un

Anglais. Les coopératives et un certain nombre d'entreprises à propriété francophone fleurissent. Dans l'ensemble, « on est né pour un petit pain » mais il se mange en français. Les mères ont généralement fréquenté l'école plus longtemps que les pères. Elles s'enorgueillissent de leur connaissance du français et le font respecter. Fort taux de natalité et société serre chaude se combinent pour assurer la survivance de la langue au Québec.

La meilleure preuve en est donnée par le recensement de 1931 où on voit les transferts linguistiques favorables aux personnes d'origine française confirmer que les Canadiens français conservent leur langue et qu'ils parviennent à la faire adopter à 24 465 anglophones et à 10 987 personnes d'origine autre. Mieux, 77 % des Italiens et 41,8 % des Allemands choisissent le français, mais seulement 18,2 % des Juifs.

Après 1960, tout bascule : chute de natalité, transferts linguistiques vers la langue anglaise, flux migratoires défavorables, diminution rapide du poids relatif des francophones au Canada et du Québec au Canada, assimilation des francophones hors Québec... mondialisation de l'attrait de la langue anglaise.

Le comportement des femmes à partir du début de la Révolution tranquille a fait voler en éclat les anciennes assurances. Qui plus est, le taux de natalité de l'Ontario, influencé par la forte immigration, rejoindra et dépassera celui du Québec dont le poids relatif dans le Canada ne cessera de diminuer. Seront ainsi posés, au milieu des années 1960, brutalement et soudainement, les problèmes cruciaux de l'immigration et de l'intégration des immigrants à la majorité québécoise de langue française, en même temps que ceux causés par la politique familiale. Or, ces questions relèvent du gouvernement canadien.

Parallèlement à la chute dramatique de la natalité, l'évolution des transferts linguistiques marque de façon croissante la puissance assimilatrice de l'anglais. Le premier tome de la Commission sur le bilinguisme et le biculturalisme nous fournit sur la question une abondante information.

Sur 100 personnes d'origine ni britannique ni française, l'anglais est la langue maternelle de 26 d'entre elles, et le français, de 11. Les 63 qui restent ont donc une langue maternelle autre — du fait pour bon nombre d'entre eux de leur immigration encore récente[11].

Plus loin, les commissaires nous informent des tendances existantes :

La grande majorité des Canadiens d'autres origines, qui habitent au Québec, vivent à Montréal. Or, présentement Montréal, métropole industrielle et commerciale, est, pour des motifs socio-économiques et culturels que nous étudierons dans un livre subséquent, largement livré à l'influence de la langue anglaise. C'est pourquoi la force assimilatrice du français à Montréal paraît aléatoire, dans l'avenir immédiat[12].

Le seul point positif qui ressort est une tendance deux fois plus forte à adopter la langue française que l'anglaise chez les Italiens, la plus nombreuse communauté immigrée au Québec. Sur un total de 108 552 Italiens, 6387 disent avoir comme langue maternelle l'anglais, et 14 762 le français.

Mais au total, 117 770 immigrants d'origine autre ont déclaré l'anglais comme langue maternelle et 51 426 le français. En 1931, les chiffres à peu près égaux avantageaient légèrement le français.

Les recensements de 1971 et 1981 confirmeront la tendance. Le Conseil de la langue française dans la brochure qu'il a publiée en avril 1991 qualifie ainsi ces transferts :

... le solde de ces transferts ne représente pour le français qu'un gain de 3700 personnes en 1971 et de 8390 en 1981, alors que le gain de l'anglais était de 99 045 personnes en 1971 et de 114 230 en 1981.

---

11. Rapport de la Commission royale d'enquête sur le bilinguisme et le biculturalisme, Les langues officielles, Ottawa, 1967, p. 31.
12. Ibid., p. 33.

Les gains de l'anglais sont donc au moins 13 fois plus importants que ceux du français.

	1971	1981
D'autre au français*	34 580	46 560
D'autre à l'anglais	84 440	101 620

* D'autre signifiant ici d'une « autre langue vers... »

En somme, quand éclate la crise de Saint-Léonard, les Québécois, par Montréalais interposés, prennent brutalement conscience que la langue française n'est plus seulement méprisée, mais qu'elle est également menacée par ceux-là même dont ils ont désormais besoin : les immigrants. Pour les parents de langue française de Saint-Léonard, c'est par l'école que la bataille doit commencer. Finies les classes bilingues où le ministre de l'Éducation de l'époque, Jean-Guy Cardinal, apprend qu'elles ne sont qu'un paravent pour l'apprentissage de l'anglais : « 70 % de l'enseignement s'y donne en anglais, 30 % en français[13] ». La décision des commissaires de n'autoriser que l'enseignement du français va préparer la plus grande mobilisation des anglophones de Montréal qu'on ait vue depuis fort longtemps. Elle préfigure la loi 101.

Plus rien ne serait pareil, ni pour les anglophones de Montréal qui découvraient avec stupéfaction qu'ils étaient minoritaires, ni pour les francophones qui se voyaient dans la cruelle obligation de forcer les immigrants à venir à l'école française sans en avoir vraiment les moyens, ni pour les immigrants et nouveaux Québécois dont un grand nombre avait déjà choisi de ne pas envoyer leurs enfants apprendre une langue qui ne leur ouvrait pas, en Amérique, les portes de la fortune et

---

13. Rapporté par Pierre Godin dans *La poudrière linguistique*, Montréal, Boréal, 1990, p. 73.

qui, au surplus, n'était même pas une langue de qualité. Pierre Godin résume en mots cinglants ce que plusieurs pensaient :

Grands éclats de rire entre deux bouchées de pizza. *Santa madonna !* Ils ne demandent pourtant pas la lune, ces braves fils et filles de la Calabre. Seulement que leurs *bambini* parlent l'anglais comme les vrais anglophones. La clé du paradis en Amérique, c'est l'anglais. La langue des riches, c'est l'anglais. Est-ce la faute des immigrés si le français est la langue des pauvres, des ignorants, des Pepsi ? Est-ce leur faute si un million de Montréalais francophones tolèrent que la minorité anglaise leur impose sa langue à la *shop*, au restaurant, au cinéma ?

Exiger des Italiens qu'ils adoptent une langue minable et dévalorisée qui n'a plus grand-chose à voir avec le français international et que les Canadiens français les premiers massacrent à belles dents, c'est du plus haut ridicule. De toute manière le *joual* s'apprend dans la rue[14]...

Que s'est-il passé entre 1930 et 1967 pour que les Italiens qui choisissaient le français à 77 %, ne jurent plus, pour un grand nombre, que par l'anglais ? Que s'est-il passé dans les écoles de l'île de Montréal pour que des commissaires décident d'imposer le français au lieu d'un bilinguisme de façade à Saint-Léonard ? Que s'est-il passé pour que les immigrants de toutes origines soient inscrits à la Commission scolaire protestante (donc à l'école anglaise) ou aux écoles irlandaises de la Commission des écoles catholiques de Montréal ?

Nous en sommes réduits à des hypothèses, parce que cette période de l'histoire scolaire est peu étudiée. C'est Adélard Godbout en 1943, après avoir obtenu l'aval du clergé, qui a enfin rendu l'école obligatoire jusqu'à 14 ans. Une chose est certaine, le baby boom de l'après-guerre a surchargé les équipements scolaires déjà désuets. Est-ce suffisant pour expliquer que les enfants d'immigrants italiens, grecs et autres se voyaient

---

14. *Ibid.*, p. 72-73.

refuser, suivant de nombreux témoignages, l'école française et catholique ?

La serre chaude qu'était la société québécoise d'avant la Seconde Guerre mondiale commence pourtant à montrer des lézardes. L'Église catholique perd de son emprise. Semblable chute de natalité ne s'expliquerait pas autrement. L'urbanisation qui s'était presque arrêtée après la Crise reprend de plus belle et avec elle diminue le contact étroit du curé avec ses ouailles. À Montréal, les paroisses sont souvent de grande taille, le curé connaît peu ses fidèles malgré ses efforts, la pratique de la messe dominicale baisse dangereusement, le recrutement vacille dans les communautés religieuses. Le diocèse prend la relève et un certain nombre d'organisations laïques, certaines aux idées sociales progressistes, vont commencer à transformer la place des « fidèles » dans l'Église.

Montréal va attirer comme un aimant les jeunes ou moins jeunes, qui veulent travailler, étudier ou vivre dans l'anonymat qu'offre la ville, loin des regards inquisiteurs du village ou de la petite ville. Les artistes entre autres cherchent cette complicité dans un Québec encore largement étouffant. Montréal va ainsi drainer rapidement une proportion grandissante des Québécois de langue française qui seront ainsi soumis aux pressions de la « deuxième ville française du monde où la langue dominante est l'anglais ».

Ainsi, les francophones de la région de Montréal vont passer de 27 % de la population du Québec qu'ils sont en 1951 à 37 % en 1971. Ce rapport va rester relativement stable avec une tendance à la baisse, alors que la composition des non-francophones va changer considérablement, les anglophones cédant la place aux allophones. Les résultats du recensement de 1991 montrent que de 1986 à 1991, les anglophones sont passés de 20,36 % à 19,94 % ; les allophones sont passés pour leur part de 17,8 % à 22,1 % ; finalement, les francophones sont passés de 61,8 % à 58 % de la population de l'île.

Ainsi, chute du taux de natalité, transferts vers l'anglais des immigrants et des enfants d'immigrants par l'école, diminution de la proportion des francophones dans le Canada, diminution de la proportion relative du Québec dans le Canada, concentration des immigrants à Montréal, telle est la situation au moment où commence l'agitation linguistique sans précédent des années 1967 à 1977.

La loi 101

Robert Bourassa a tenté de répondre à l'inquiétude croissante des Québécois et à l'agitation qu'elle entraînait. Il faut lui en savoir gré, après la plate reconnaissance du droit au libre choix pour les parents que Jean-Jacques Bertrand avait piteusement confirmée par le tristement célèbre *bill* 63. Le *bill* 22 de Robert Bourassa établissait la primauté de la langue française, mais s'égarait quand il s'agissait de déterminer qui devait étudier en français. Sa politique a d'ailleurs entraîné un soulèvement dans la communauté anglophone de Montréal qui n'a pas été étrangère à sa défaite et à l'élection du Parti québécois en 1976.

La loi 101 finalement présentée par l'imperturbable et remarquable Camille Laurin a enfin rassuré. Il a élaboré une Charte de la langue française qui est rapidement devenue une loi très populaire même si, hors de Montréal, la nécessité de l'affichage unilingue français pouvait être, et est, moins évidente.

Or, la loi 101 a été dangereusement minée par les tribunaux se reférant à la Charte canadienne des droits et libertés et à la Loi constitutionnelle de 1982, avant d'être ratatinée à deux reprises par le gouvernement de Robert Bourassa. Même intacte, la loi 101 ne pouvait pourtant à elle seule assurer la vie, la qualité, le rayonnement et la capacité d'intégration de la langue française. Ceux-ci ne peuvent être imposés par la loi seule, aussi bien pensée soit-elle, mais par les conditions propices : l'évolution démographique, la capacité et la volonté d'intégration de la société d'accueil. Et ces conditions ne peuvent exister pour le Québec que dans la souveraineté. Il faut le dire avec insistance. Elles n'existeront pas de façon certaine. Soyons précis. Elles pourront exister.

Il faut savoir que depuis cet odieux rapatriement unilatéral de la Constitution canadienne, le Québec n'a pas le droit de voter de nouveau la loi 101 ou 178 ou 86 sans utiliser la clause dite Nonobstant. Celle-ci doit être renouvelée tous les cinq ans. Quand on sait qu'en matière d'intégration linguistique la clarté et la constance des messages et des programmes d'action sont les facteurs les plus déterminants, que dire de l'effet de cette obligation fédérale qui peut toujours permettre à ceux qui la honnissent de conclure que la loi n'est pas la loi, que le règlement n'est pas le règlement.

La loi canadienne C-72 sur les langues officielles va beaucoup plus loin. Non seulement elle soustrait l'administration publique fédérale et le gouvernement central aux dispositions de la loi 101, mais elle propose aux articles 23 et 25 d'exiger le bilinguisme des institutions et groupes subventionnés qui à titre de tiers donnent des services. De plus, le secrétaire d'État du Canada, à l'article 43

> prend les mesures qu'il estime nécessaire pour favoriser la progression vers l'égalité de statut et d'usage du français et de l'anglais dans la société canadienne et, notamment toute mesure...

> f) pour encourager les entreprises, les organisations patronales et syndicales... les organismes bénévoles et autres à fournir leurs services en français et en anglais et à favoriser la reconnaissance et l'usage de ces deux langues, et pour collaborer avec eux à ces fins ;

> g) pour encourager et aider les organisations, associations ou autres organismes à refléter et promouvoir, au Canada et à l'étranger, le caractère bilingue du Canada.

Cette loi a été jusqu'ici peu appliquée parce qu'on en attend toujours les règlements dont l'adoption est sans cesse reportée. On peut constater cependant, depuis que les libéraux ont été élus à Ottawa, que toutes les annonces fédérales au Québec sont bilingues. Les conservateurs avaient pris garde de donner cette directive. La loi 101-86 et la loi C-72 se font donc compétition sur le même terrain au Québec. Si le Bloc à Ottawa a défendu la loi des langues officielles, c'est en raison de l'esprit de cette loi canadienne qui peut favoriser les francophones hors Québec selon l'interprétation qu'on lui donne, notamment à l'article 32 de « la demande importante ». Mais si elle était appliquée au Québec, ce serait un désastre.

Qu'on songe seulement à l'utilisation que le ministre du Développement des ressources humaines Lloyd Axworthy pourrait en faire au lendemain d'un non, dans les nombreux contrats de services qu'il entend octroyer aux organismes communautaires, entreprises et même municipalités.

L'intégration des immigrants est au cœur de l'avenir du peuple québécois

C'est un sujet tabou ? Parlons-en !

On reproche à la loi 101 d'avoir rassuré les Québécois et privé les souverainistes de leur argument le plus fort. Peut-être au contraire valait-il la peine de passer par là pour constater, moins de 20 ans plus tard, que même ce qui reste de la loi 101, soit l'obligation pour les enfants d'immigrants d'aller à l'école française, ne peut pas assurer seule l'avenir de la langue française à Montréal, encore moins celui du peuple québécois. Disons-le autrement : la loi 101 ne permet pas d'attirer à la culture québécoise et à la langue française les enfants d'immigrants voulus par le Québec, même si des progrès peuvent être constatés. En fait, il n'est qu'à imaginer ce que serait devenu Montréal aujourd'hui sans la loi 101 pour se féliciter qu'elle existe.

Combien de fois René Lévesque n'a-t-il pas dit qu'il était humilié de devoir ainsi imposer la langue française. Voir l'enseignement de la langue française regardé comme une obligation, un tort, une privation que certains ont cherché à éviter à tout prix et que d'autres prennent comme une pénible obligation par laquelle il faut passer, mais dont on se serait bien passée, fait mal. Il faut le dire.

Des reportages comme celui de Michèle Ouimet publiés dans *La Presse* du 15 avril 1995 laissent un goût amer dans la bouche. Mais c'est la réalité qu'il faut regarder, les yeux grands ouverts. Parce que l'avenir est là. Que décrit Michèle Ouimet? Ce que tout le monde dans le milieu scolaire à Montréal sait, mais dont personne n'ose parler de crainte de faire sortir les démons de l'enfer.

Dans la plupart des écoles de langue française, les enfants d'immigrants ou de nouveaux citoyens canadiens s'intègrent entre eux, les jeunes de descendance canadienne-française ou de langue maternelle française sont fort peu nombreux. Pire, quand ils y sont, ils se taisent soit qu'ils vivent entre eux à l'image des autres groupes de jeunes ramassés par origine ethnoculturelle ou qu'ils se mêlent. Comme les jeunes francophones hors Québec, qui étudient dans des classes d'immersion, ce que les jeunes Québécois de langue maternelle française apprennent dans les corridors et les cours d'école, c'est la force d'attraction de la langue anglaise quand ils voient que les étudiants de ces écoles ne parlent le français qu'approximativement en classe, par obligation, et qu'ils conversent entre eux en anglais.

C'est à Montréal que naissent la grande majorité des enfants d'immigrants et de nouveaux citoyens. C'est normal, puisque c'est là qu'ils choisissent de s'établir. En 1992, les naissances déclarées selon la langue maternelle incluant les immigrants et nouveaux citoyens qui déclarent cette langue donnent le résultat suivant : Français, 12 135 ; Anglais, 4509 ; Autres,

6909. Ainsi, les naissances de langue française ne représentent que 51,5 % du total et les naissances des personnes qui déclarent avoir une langue maternelle autre que le français et l'anglais, 29,3 % des naissances.

Le problème scolaire de Montréal se complique davantage quand on sait que les francophones ont tendance à quitter l'île et la ville vers la banlieue, notamment les jeunes familles, et que les immigrants et nouveaux citoyens ont tendance à se concentrer dans des quartiers non francophones. Un des résultats évidents et extraordinairement problématiques est que les écoles où vont les enfants d'immigrants et de nouveaux citoyens ne sont généralement pas en milieu francophone.

C'est vrai des écoles de la Commission des écoles catholiques de Montréal (CECM) ; c'est vrai surtout des écoles de la Commission des écoles protestantes du Grand Montréal (CEPGM). Le rapport de juin 1995 du Conseil scolaire de l'île de Montréal intitulé *Statistiques et commentaires sur les origines des élèves 1993-1994 et 1994-1995* comporte des résultats significatifs sur l'évolution de la clientèle scolaire et l'absolue nécessité dans laquelle nous nous trouvons de modifier la structure actuelle des commissions scolaires confessionnelles. De façon surprenante, les commentateurs ont passé sous silence les deux faits pour moi les plus significatifs observés dans cette étude. De 1990 à 1994, le pourcentage des élèves nés hors du Canada — et au Québec de parents nés hors du Canada — est passé de 34,05 % à 42,93 %, soit 82 334 sur 191 808 élèves. C'est une progression fulgurante. Mais quand on regarde les inscriptions en septembre 1994 dans le secteur francophone de la Commission des écoles protestantes du Grand Montréal, on trouve le chiffre spectaculaire de 77,58 % des enfants nés hors du Canada ou — au Québec de parents nés hors du Canada — dont 63,74 % ont une langue maternelle autre que le français et l'anglais.

Devant ces faits, comment se surprendre de l'incapacité des écoles à enseigner convenablement le français et surtout à transmettre la culture commune ? Comment ces écoles peuvent-elles remplir la mission qui leur a été confiée par la loi 101 ? Je veux être claire : face à une situation comme celle du secteur dit francophone de la CEPGM dont toute la structure administrative est anglophone, dont la langue de l'administration est l'anglais, dont tous les commissaires étaient anglophones jusqu'à l'élection de 1992 où deux commissaires de langue française ont été élus, dont le directeur du réseau des écoles françaises qui représente maintenant 45 % de la commission scolaire ne parle qu'un français élémentaire, il est inadmissible que le Québec soit impuissant. Des dizaines de milliers de jeunes, année après année, n'apprennent qu'une chose, que le français est un pensum, une fâcheuse obligation dont il faut s'empresser de se débarrasser, que la langue qui compte c'est l'anglais.

Or, il est IMPOSSIBLE au Québec de créer des commissions scolaires linguistiques en vertu de l'article 93 de la Constitution canadienne, sauf en mettant en œuvre cette tordue loi 107[15] dont l'interprétation donnée par la Cour suprême pourrait avoir pour effet de forcer la création d'une vingtaine de commissions scolaires à Montréal.

La région de Montréal vit donc la situation parfaitement absurde de commissions scolaires anglophones chargées d'intégrer à la communauté francophone les enfants d'immigrants.

Le Québec peut bien être francophone à 83 %, il reste que près de la moitié des citoyens vivent et travaillent dans la région

---

15. Il faut savoir que cet article n'avait pas été négocié lors des conférences des Pères de la Confédération. On le vit apparaître la première fois à l'Assemblée du Canada-Uni où il fut rejeté parce que l'opposition voulut faire adopter son équivalent pour les autres provinces anglaises. C'est à Londres où fut adopté l'Acte impérial qu'Alexander Tilloch Galt, l'inspirateur du texte, obtint qu'il fût rajouté pour le Québec seulement. C'est un cadeau britannique à la minorité anglaise.

de Montréal et que celle-ci, qui accueille presque tous les immigrants et les nouveaux citoyens, a peine à leur apprendre le français dans les écoles pourtant faites pour cela. Et si ce n'était pas assez, on doit se rappeler que les écoles privées ne sont pas soumises à la loi 101 quand elles ne sont pas subventionnées. Récemment, un jugement est venu autoriser des étudiants francophones à étudier en anglais dans une école secondaire privée subventionnée, ouvrant une brèche qui risque fort de devenir béante.

Pour qu'il puisse y avoir cette intégration que les Québécois et les Montréalais appellent de tout leur cœur, il doit y avoir un pôle intégrateur. Il doit y avoir une volonté, des gens. Or, non seulement la population de langue française vieillit rapidement, mais, dès qu'elle améliore son sort, elle a tendance à quitter l'île de Montréal pendant que celle-ci accueille la très vaste majorité des immigrants : 81 % de 1981 à 1986 ; 88 % si on ne parle que de Montréal centre. C'est ce qui fait dire à Michel Paillé, du Conseil de la langue française, dans *Nouvelles tendances démolinguistiques dans l'île de Montréal, 1981-1986* que la population de langue maternelle française est passée, de 1951 à 1976, de 64,2 % à 60 % et qu'elle baisserait à 56 % suivant le nombre d'immigrants qu'accueillera le Québec. Marc Termote en 1994 a confirmé cette analyse en formulant divers scénarios de niveau d'immigration. Ses conclusions sont reprises dans le Rapport de la Commission nationale.

Si les francophones de l'île de Montréal continuent à la quitter et à ne pas y revenir, tous les principes et toute la volonté même des immigrants et nouveaux Québécois vont tourner à vide. Mais pourquoi quittent-ils l'île ? Le sait-on, outre le fait qu'il soit moins coûteux de s'acheter une maison en banlieue ? Serait-ce que l'intégration qu'on souhaite si fort parce qu'elle est indispensable à la vie du peuple québécois en terre d'Amérique est le résultat de deux ouvertures, celle du peuple d'accueil et celle des nouveaux arrivants ? Serait-ce que la recherche du voisinage de ceux de sa communauté d'origine est éminemment naturelle, que c'est la première phase de l'acclimatation en terre étrangère, même si on appelle ce phénomène le ghetto ? Serait-ce également que lesdits Québécois de souche ont aussi tendance à se rassembler par strate socio-économique, puisqu'on sait que ceux qui restent sont plus pauvres ? Serait-ce que les parents francophones hésitent à envoyer leur enfant dans une école qui devrait intégrer et qui n'en a pas les moyens ?

« C'est un peuple de concierge », dit à Michèle Ouimet une jeune fille obligée d'aller dans une école de la loi 101 pour expliquer qu'elle ne veut pas parler français.

Nous avons besoin des immigrants, nous les voulons, nous les souhaitons citoyens québécois

Il faut répéter avec force que le Québec est un pays aux ressources immenses qui peut accueillir beaucoup d'immigrants. Ceux-ci sauront qu'ils viennent dans un pays nord-américain soit, mais de langue française. Ils sauront qu'après une période d'attente ils se verront donner la citoyenneté et la nationalité québécoise qui fera d'eux des Québécois à part entière. Leur loyauté sera ainsi acquise à leur nouveau pays qui pourra compter sur eux.

Il faut comprendre aussi que les Canadiens français/Québécois occupés à leur propre lutte nationale n'avaient ni toute l'ouverture ni toute la disponibilité qu'il faut pour accueillir à bras ouverts. Mais je veux récuser ici avec force l'image que certains ténors fédéralistes essaient de donner des Canadiens français/Québécois frileux, fermés à toute mixité.

Faut-il rappeler que la première souche, celle des 60 000 de la Conquête, était elle-même passablement métissée grâce aux soldats mercenaires du régiment Carignan-Sallières qui ont décidé d'adopter le pays. Faut-il rappeler ensuite tous ces immigrants anglo-saxons et européens qui ont pris femme canadienne-française et pays. Et tout ce sang indien qui coule dans nos veines !

Et encore. L'accueil fait par la population francophone de Montréal au premier joueur de baseball noir des ligues majeures, Jackie Robinson, qui n'aurait pas pu commencer sa carrière ailleurs. C'était le cinquantième anniversaire en mars 1995. Le Québec l'a célébré dignement et son épouse se rappelait émue la gentillesse des voisins de l'est de Montréal qui s'occupaient d'elle alors qu'elle était enceinte et souvent seule pendant les tournées de son mari.

Faut-il rappeler encore que, pour les pays, accorder la citoyenneté et encore plus la nationalité est une responsabilité qu'ils ne prennent pas à la légère. En effet, par la citoyenneté ils reconnaissent à quelqu'un les mêmes droits et les mêmes devoirs qu'aux personnes qui sont nées au pays de familles qui y sont établies parfois depuis des siècles et qui partagent les mêmes valeurs, ont reçu une même formation, participent à une même idée de la démocratie. Ce sont les citoyens qui font les peuples et les nations, chacune étant unique. Voilà pourquoi tous les pays attachent une grande importance aux conditions suivant lesquelles ils accordent la citoyenneté et parfois, avec elle, la nationalité.

Au Canada, comme d'ailleurs dans les pays anglo-saxons en général, la citoyenneté est acquise après un délai de 5 ans, une fois que la personne a le statut d'immigrant reçu. Les seules raisons qui pourraient empêcher l'acquisition de la citoyenneté seraient de l'ordre des crimes commis, de la fraude. Toute différente est la position des réfugiés qui peuvent demeurer plusieurs années avant d'avoir le droit de demander la citoyenneté. D'où tant de cas tragiques de familles qui se sont intégrées mais qui doivent être expulsées parce qu'on leur refuse le statut d'immigrants après étude finale de leur dossier.

Il faut savoir que certains pays n'accordent qu'avec infiniment de réticence et après beaucoup de tracasseries la citoyenneté et la nationalité. L'Allemagne et Israël n'accordent que depuis peu la citoyenneté à des personnes qui ne sont pas de sang allemand ou juif ; c'est ce qu'on appelle le droit du sang. La France, championne des droits, n'accorde que sur demande et sur dossier la citoyenneté à ceux qui ne sont pas nés sur le territoire. Pourtant beaucoup de travailleurs immigrants y élèvent une famille et y meurent avant d'obtenir la citoyenneté. Souvent ils ne la demandent même pas. En conséquence, ils ne votent pas, ils ne participent pas à la vie démocratique. On établit à près de deux millions de personnes en France, le nombre de tels travailleurs qui n'ont pas le droit de vote et ils constituent une source de gêne pour beaucoup de Français. Pourtant, personne n'a pu faire campagne jusqu'ici pour faciliter l'acquisition de la citoyenneté. Bien au contraire. Le dernier amendement à la loi a changé radicalement la situation des jeunes enfants de travailleurs migrants qui étaient Français à la naissance, mais qui aujourd'hui doivent choisir à dix-huit ans de l'être ou pas et qui peuvent se faire refuser la citoyenneté.

On peut ainsi saisir que la question de l'octroi de la citoyenneté à des personnes qui ne sont pas nées sur le territoire n'est nulle part une question facile puisque les nouveaux venus partout peuvent changer le tissu démocratique et national. Leur nombre et la facilité de leur admission ont toujours été un enjeu, moindre cependant dans les pays de grande immigration.

Pour le Québec, la perspective d'octroyer la citoyenneté québécoise est le seul véritable espoir d'intégration des immigrants et nouveaux citoyens à la culture commune québécoise. D'ici là, il faut multiplier les manifestations conjointes, et favoriser tous les rapprochements. Cependant, on peut être certain qu'aussi longtemps que la citoyenneté est canadienne, l'attrait de la langue anglaise et la propension à être canadien d'abord vont prévaloir. N'est-ce pas vrai même chez les Haïtiens qui pourtant ont toutes les raisons de se sentir près de nous ? N'est-ce pas normal ? Que ferions-nous dans une situation semblable ?

Il faut le savoir, il n'y a plus que quatre pays à admettre des immigrants économiques.

Ce n'est pas de notoriété publique que seuls les États-Unis, l'Australie, la Nouvelle-Zélande et le Canada admettent encore des immigrants économiques. Les autres pays accueillent des réfugiés auxquels ils accordent difficilement la citoyenneté, nous l'avons signalé.

Quand on compare le nombre d'immigrants dans ces pays à celui reçu au Canada et au Québec, on voit que le Canada et le Québec semblent être le dernier pays de grande immigration. C'est un vaste territoire qui, à la différence des États-Unis, n'a pas de frontière passoire. Les États-Unis admettent officiellement environ 600 000 immigrants par année, soit seulement deux fois plus que le Canada alors qu'il est pourtant dix fois plus populeux. Le creuset américain serait-il alors moins efficace que le multiculturalisme canadien ? Un fait est certain, le Canada s'est donné des objectifs d'immigration beaucoup plus ambitieux dans les années 1980 que précédemment, moins cependant qu'au début du siècle.

On sait que pour le Québec dans le Canada, cette politique est dévastatrice. Est-ce une politique consciente de la part du Canada ? Quand on lit certains commentateurs de la scène politique, on peut penser que oui.

LE QUÉBEC SE MARITIMISE

La situation relative du Québec dans le Canada se détériore

Sans la souveraineté, impossible de faire une politique de plein-emploi ou d'aller au bout du modèle québécois.

Malgré tous les efforts faits par les gouvernements successifs depuis trente ans, qu'ils aient été libéraux, unionistes ou péquistes, et malgré d'indéniables atouts que le Québec a développés, il est un fait qui frappe, qui sidère, qui laisse pantois : la détérioration de la situation socio-économique relative du Québec dans le Canada.

Rien de tel que de voir des chiffres pour comprendre que la pauvreté que l'on constate autour de nous n'est pas isolée, pour saisir aussi qu'elle est loin d'être également partagée au Canada, comme la richesse d'ailleurs. Immédiatement ces faits suggèrent des questions embêtantes : Pourquoi ? Pourquoi ne le dit-on pas davantage ? Et surtout : Que peut-on faire ?

Pourquoi ?

Des facteurs comme l'évolution de la démographie, la perte d'influence de Montréal au profit de Toronto, les séquelles de la première vague indépendantiste ne peuvent tout expliquer. Il faut rappeler le retard historique du développement économique du Québec. Quelle que soit la querelle des histo-

riens quant aux explications, retard normal pour les uns à cause
de la situation géographique et du type de ressources naturelles,
retard provoqué par la Conquête pour les autres, un fait est
patent : ce retard loin d'être rattrapé s'est maintenu, et dans
certains secteurs s'est accru.

**Évolution du rang du Québec parmi les dix provinces
du Canada selon les personnes à faible revenu**

1973	5	1981	9	1986	8	1991	9
1975	5	1982	7	1987	9	1992	7
1977	4	1983	8	1988	10	1993	10
1979	4	1984	9	1989	9		
1980	9	1985	9	1990	10		

Source : Pour les années 1973 à 1979 : Arnold Beaudin *et al.* (novembre 1990),
La pauvreté au Québec — Situation récente et évolution de 1973 à 1986,
Québec, Les Publications du Québec, tableau 6.7, p. 201. Pour les
années 1980 à 1993 : Statistique Canada (janvier 1995), *L'Enquête sur
les finances des consommateurs — Personnes à faible revenu, 1980 à 1993*,
catalogue 13-569, tableau 5, p. 16-17.

Malgré l'impact décisif des instruments d'État que le Québec s'est donnés à partir de la Révolution tranquille et la constitution d'un mouvement coopératif fort, le rattrapage souhaité
ardemment par toute une génération est loin de s'être con-
crétisé. Ces deux facteurs caractérisent cependant le type d'économie mixte du Québec, secteur public/secteur privé/secteur
coopératif. Mais il n'a pas pu venir à bout du retard. Les obstacles étaient trop importants.

On doit rappeler l'effet dévastateur de certaines politiques
fédérales comme la ligne Borden qui a empêché le développement de l'industrie pétrochimique dans l'est de Montréal, la
localisation en Ontario seulement des industries de l'automobile lors de la négociation du Pacte de l'Automobile, alors que
le Québec est un gros consommateur de voitures, la construc-

tion de la Voie maritime du Saint-Laurent qui a entraîné l'affaiblissement du port de Montréal et du rôle de Montréal comme centre de transbordement, la décision de construire l'aéroport à Mirabel sans le relier à Dorval et celle d'abandonner l'obligation pour les transporteurs de se poser à Montréal qui ont réduit le rôle aéroportuaire de Montréal à un rôle régional. Et on pourrait continuer longtemps.

Les dépenses fédérales qui créent des emplois comme l'approvisionnement militaire, la recherche et le développement, sans compter la concentration de la fonction publique fédérale, ont favorisé l'Ontario et systématiquement défavorisé le Québec. À l'inverse, malgré la concentration de pauvreté à Montréal où il y a plus de personnes à l'aide sociale que dans toutes les provinces maritimes réunies ce dont nous allons parler plus loin, il n'y a eu aucun projet d'envergure d'instauré ou de soutenu par le gouvernement fédéral visant à faire contrepoids à la pauvreté, comme celui d'Hibernia ou du pont de l'Île-du-Prince-Édouard ou des blindés légers commandés à l'Ontario à l'été de 1995. Les subventions fédérales ont généreusement aidé l'Ontario à se doter de centrales nucléaires, alors que le Québec a entièrement supporté les frais de son réseau hydro-électrique. Les milliards des subventions ferroviaires au grain de l'Ouest n'ont pas non plus leur contrepartie au Québec, malgré la petite part chèrement acquise lors de l'Accord du Nid-de-Corbeau et oubliée lors du dernier budget. Pourtant, le port de Montréal a souffert de la concurrence jugée déloyale exercée par le réseau ferroviaire.

Les dépenses fédérales au Québec ont surtout consisté en prestations d'assurance-chômage et en partage des dépenses d'aide sociale. Même les programmes à frais partagés, notamment pour le logement social, ont favorisé l'Ontario, plus riche, qui a raflé une large partie des subventions disponibles. Quand on pense que les conservateurs se vantaient d'avoir aidé l'économie du Québec en vendant Canadair à Bombardier, on peut rester songeurs. Et davantage encore quand on se rappelle le tollé suscité au Manitoba par l'octroi du contrat d'entretien des CF-18 à la même compagnie Bombardier. Depuis ce temps, les budgets d'entretien des CF-18 ont été diminués, mais aucun gouvernement du Canada n'a été en mesure d'allouer un contrat digne de ce nom au Québec.

Il faut le dire, le Canada a eu peur du mouvement souverainiste. Et ce n'était pas parce que les Québécois ont dit non en 1980 qu'Ottawa allait leur être reconnaissant. Il faut bien se souvenir de cela. Se le rentrer dans la tête. On peut même penser que tous partis confondus, ils nous l'ont fait payer. Qu'on songe seulement au projet de loi S-31 qui visait à empêcher la Caisse de dépôt et placement du Québec d'investir dans Pacifique Canadien. Cette Caisse fait peur puisqu'elle est le plus important fonds d'investissement au Canada. Que dire du projet du Centre financier international de Montréal qu'Ottawa n'a pu accorder sans donner la pareille à Toronto et à Vancouver avec le résultat que le Centre montréalais n'est maintenant que l'ombre du projet qu'il fut d'abord. Envolée la stratégie québécoise sur laquelle il reposait.

Plus récemment, un fait passé inaperçu comme tant d'autres, soit la création à Toronto d'un centre canadien du plastique alors que les entreprises, les universités et quelques promoteurs engagés avaient monté tout le projet à Montréal. Vous souvenez-vous du Centre aérospatial de la Rive-Sud ?

Et alors, que se passerait-il si les Québécois votaient non en 1995 ?

Pourquoi cette faiblesse économique du Québec est-elle passée sous silence ?

La première raison est sans doute que personne n'aime parler de cette réalité et que tous, gens d'affaires, politiciens, administrateurs publics et même syndicats aiment mieux parler de ce qui va bien. Et il le faut. Il faut vanter les mérites et les réussites des Cirque du Soleil, Québecor, Cascades, Guillevin, Vidéotron, Bombardier, Softimage, Natrel... et tant d'autres. Il faut souligner l'espoir que suscitent Guyenne, les Coopératives forestières, Boulots Vers... et tant d'autres. Mais il ne faut pas se voiler la face.

Personne n'a intérêt non plus à dire que l'économie québécoise ne se comporte pas comme il le faudrait, ni les souverainistes depuis qu'ils ont été au pouvoir, ni les fédéralistes qu'ils soient du Québec ou du Canada qui aiment mieux dire combien les Québécois sont en sécurité dans le Canada et quels risques ils prendraient s'ils se faisaient pleinement confiance, ni les gens d'affaires quoi qu'ils pensent.

À l'heure des choix ne vaut-il pas mieux dire suivant l'expression populaire « qu'il n'y en aura pas de facile » et surtout que l'individualisme ne mène nulle part. Considérer lucidement la situation oblige à prendre en compte la pauvreté, les besoins d'emploi de la jeunesse et des moins jeunes et pourquoi pas à mobiliser toute la société sur l'emploi. On peut critiquer le nouveau président de la France sur la reprise des essais nucléaires, mais son engagement quant à l'emploi vaut d'être souligné.

Il semble avoir compris que, sans un coup de barre majeur, le poids du chômage et de la pauvreté ébranlera le tissu social et laissera monter toutes les intolérances. Il y a urgence.

Il y a urgence au Québec d'autant plus. On sait ce que le fédéralisme canadien offre aux Québécois sur le plan de l'économie et de l'emploi, puisque le gouvernement fédéral, depuis son programme d'infrastructures, n'a plus rien à proposer alors que le taux de chômage au Québec se situait, en juin 1995, à 11,3 %. C'est le taux officiel qui ne tient pas compte ni des découragés ni de ceux qui vont d'une « jobbine » à l'autre, ou travaillent à temps partiel. Et nous venons de sortir de 9 ans de gouvernement libéral provincial « bon gestionnaire ».

Mais parlons-nous franchement. Considérons une statistique qui mieux que le taux de chômage donne une idée du niveau d'emploi et d'une certaine manière de la richesse d'un État : c'est le taux d'emploi. C'est une meilleure mesure parce que ce taux ne fait que considérer le nombre de personnes en emploi par rapport à la population totale en âge de travailler. Prenons le taux d'emploi du Québec pour 1994 et comparons-le au taux d'emploi de tout le Canada hors Québec :

Québec : 54,9 %

Canada : 59,8 %

Il faut bien comprendre ce que ces chiffres signifient : il manque au Québec 281 000 emplois, seulement pour que le Québec ait la même proportion de personnes en emploi que le Canada hors Québec. Ce n'est pas peu !

Que ce soient les indicateurs de population, de pauvreté et du marché du travail, tous nous indiquent clairement la tendance de fond : l'affaiblissement du Québec dans l'ensemble canadien. Si on ajoute que la part du produit intérieur brut du Québec est passée de 26,2 % en 1965 à 22,3 % en 1994, l'effet cumulé de toutes ces tendances ne peut que se traduire par une perte du poids politique du Québec dans le Canada.

Il y a urgence ? Comment peut-on accepter de continuer à argumenter, demander poliment le contrôle sur la politique de main-d'œuvre, entendre Stéphane Dion parler de toutes les occasions que nous offre le Canada et les risques que comporte la souveraineté ?

Nous savons que depuis les années 1980, au Québec, une expertise considérable de concertation et de développement économique communautaire a mûri, indispensable à une politique d'emploi, dans les régions, dans les secteurs, à Montréal. C'est encore un début, mais quelle approche porteuse d'espoir ! Encore faut-il qu'elle ait des moyens. Nous sommes rendus là. La souveraineté peut en donner. Ce n'est pas une solution magique, c'est une extraordinaire occasion collective. Et franchement, avons-nous d'autre choix ?

Que faut-il faire ?

Je ne suis pas économiste, mais, pour paraphraser une célèbre citation, l'économie est trop importante pour la laisser aux économistes. Un économiste de mes amis disait d'ailleurs que de toute façon les économistes savent dire ce qui n'a pas marché — et encore — mais ils ne savent pas que faire. Roosevelt en 1933 n'avait pas attendu les propositions de Keynes pour être keynésien et relancer l'économie des États-Unis. Il s'était servi de son bon sens et l'avait appliqué à la gestion des États-Unis. Je ne dis pas qu'il a géré les États-Unis comme son budget familial, cela aurait été presque insensé.

Selon moi, la première chose à décider, les dents serrées, c'est de ne pas baisser les bras devant le chômage ! Il est trop destructeur de vies, de tolérance, d'espoir et d'avenir. La deuxième chose, c'est d'être intelligents, collectivement : le développement du Québec pour le Québec ne s'est produit que sous la poussée du mouvement coopératif et de l'État québécois au début des années 1960. Nous avons, avec les partenaires aguerris du gouvernement québécois, tout ce qu'il faut pour une deuxième phase de développement, en gérant tous nos moyens, en ne cédant pas à l'idéologie ambiante et en tenant la population étroitement informée de ce qui se passe. La troisième chose, c'est d'être patients, déterminés, mais intraitables quant aux résultats.

En fait, à quoi servirait-il de faire de la politique, d'y passer son temps, sa vie, si ce n'était pour améliorer la vie collective ? Si ce que j'exprime est une préoccupation de mère de famille, et bien soit, que les mères de familles se mettent à s'occuper de la gestion du pays et de son économie.

La pauvreté pèse d'un poids historique
sur le Québec

Le Québec et la pauvreté

Le Québec a un long passé de pauvreté dont l'histoire n'est pas faite, mais qui n'est certainement pas sans lien avec l'histoire politique. Cette pauvreté à toute époque a constitué un poids, un frein parfois dramatique à son développement, notamment par l'épouvantable saignée, l'émigration vers les États-Unis au moment même où le Canada faisait venir à grand renfort de réduction de tarifs ferroviaires des immigrants des îles Britanniques et plus tard d'Europe. C'est la pauvreté qui a poussé hors des terres encombrées les jeunes hommes, les familles attirées par les « gages » des manufactures américaines. La lutte à la pauvreté a aussi été un mobile important d'action sociale et politique pour une partie de la génération des années 1970 qui par le syndicalisme voulait s'attaquer à la différence importante des salaires entre le Québec et l'Ontario, lutter contre les prêts usuraires.

Mais j'ai été abasourdie de voir que cette pauvreté avait été assumée sinon brandie avec fierté par une partie de la génération des années 1930 : « Nous Canadiens français, nous sommes issus d'une longue tradition d'ignorance et de pauvreté, tradition que nous nous devons de conserver[16] », aurait honteusement dit Antoine Rivard tel que le rapporte Paul Gérin-Lajoie.

Cette phrase horrible permet de mieux comprendre une partie du rapport Boucher dont René Lévesque, en 1985, m'avait souligné l'importance lorsque j'avais entrepris des recherches sur la pauvreté du Québec. Quand il était ministre de la Famille et du Bien-être social, ce rapport publié en 1963

---

16. Paroles prononcées par Antoine Rivard lors de la campagne électorale de 1939, rapportées par Jean-Louis Gagnon dans *Les Apostasies*, Montréal, Les éditions La Presse, 1988, tome II, p. 33, et rapportées par Paul Gérin-Lajoie, dans *Combats*, CEC, 1989, p. 29.

avait été sa bible. Il s'en était inspiré dans la rédaction du document produit par le Québec à la conférence fédérale-provinciale de décembre 1965 où il avait revendiqué le rapatriement des allocations familiales, justement pour lutter contre la pauvreté des familles. Il s'était fait répondre un NON retentissant par un gouvernement fédéral enhardi par sa récente acquisition des trois colombes québécoises.

La Commission Boucher a fait enquête sur la pauvreté au Québec, analysé ses causes et formulé des recommandations. Alors que le Québec représentait 28 % de la population, il comptait pour plus de 36 % des coûts à l'« assistance-chômage », nouveau programme instauré en 1959 à la suite de la dure récession et de l'augmentation du chômage de longue durée. Le rapport définissait trois grandes causes : la faiblesse économique du Québec dont le produit intérieur brut ne représentait pas sa part de population ; la mauvaise santé des Québécois et finalement ce qu'on appellerait aujourd'hui une culture de pauvreté. Outre ses conclusions précises sur l'aide à apporter, ce qui frappe aujourd'hui de cette dernière partie du rapport, c'est la volonté très ferme d'une coordination des politiques économique et sociale sans laquelle rien n'est possible. On dirait aujourd'hui une politique de plein-emploi.

Pour la génération des années 1960, le rapport Boucher de 1963 donnait amplement matière à réflexion. Il n'est qu'à lire l'extraordinaire texte de René Lévesque présenté à la commission fédérale-provinciale de décembre 1965, tout centré autour de la nécessité de la coordination des politiques pour comprendre l'influence que le rapport a exercé.

René Lévesque affirmait avec une belle assurance :

1) L'établissement d'une véritable politique de développement économique et sociale est devenu impérieux. Cette politique doit être intégrée, flexible dans ses moyens et comprendre un régime de sécurité sociale axé sur la famille et fondé sur le droit à une assistance correspondant aux besoins.

2) Pour des raisons d'efficacité et des motifs d'ordre constitutionnel, le gouvernement du Québec est le seul qui puisse et qui doive, sur son territoire, concevoir une telle politique et la mettre en œuvre. Corollairement, le Québec ne peut accepter que le gouvernement du Canada assume cette responsabilité. Le Québec n'exclut pas cependant la coopération interprovinciale et la consultation réciproque[17].

En 1985-1986, les chiffres de Santé et Bien-être Canada, que j'ai obtenus bien difficilement, étaient accablants : le Québec avec 25 % de la population recevait 38 % des sommes versées au chapitre du Régime d'assistance publique du Canada. Ces chiffres semblaient si élevés et non crédibles qu'ils n'ont pas été repris par la presse jusqu'à ce que les rapports officiels commencent à sortir, notamment l'étude du Conseil des affaires sociales et de la famille : *Le Québec cassé en deux.*

C'est pourtant une étude de spécialistes du gouvernement qui avait la première sonné l'alarme de la maritimisation du Québec en 1990, *La pauvreté au Québec, Situation récente et évolution de 1973 à 1986.* Selon cette étude :

> Malgré l'amélioration de l'incidence de la pauvreté de la population totale qui est passée de 25 % en 1973 à 18,1 % en 1986, la tendance observée pour l'ensemble de la période confirme une détérioration de la position relative du Québec dans l'ensemble canadien[18].

Les auteurs qui analysent les causes de ce glissement de la position relative du Québec, ne pouvant l'expliquer par la structure démographique, proposent plutôt : « Par conséquent, l'insuffisance d'emplois serait à la source de cette mauvaise situation du Québec en 1986[19]. »

17. Gouvernement du Québec, *Mémoire du Québec à la Conférence sur la pauvreté,* Ottawa, 7 au 10 décembre 1965.
18. Arnold Beaudin *et al., La pauvreté au Québec. Situation récente et évolution de 1973 à 1986,* Québec, Les Publications du Québec, 1990, p. 201.
19. *Ibid.,* p. 205.

Proportion des personnes
à faible revenu — 1993 en pourcentage

Québec	20,8
Manitoba	19,1
Alberta	18,3
Colombie-Britannique	18,1
Terre-Neuve	17,9
Canada	17,9
Saskatchewan	17,4
Nouvelle-Écosse	17,2
Ontario	16,0
Nouveau-Brunswick	14,8
Île-du-Prince-Édouard	11,6

Source : Statistique Canada, *L'enquête sur les finances des consommateurs
— Personnes à faible revenu, 1980 à 1993*, catalogue 13-569, janvier
1995, tableau 5, p. 17.

Couronnant, si l'on peut dire, la série de chiffres inquié-
tants sur la place relative du Québec dans l'ensemble canadien,
voici que les données de Statistique Canada indiquent que le
Québec obtient en 1993 le titre peu glorieux de champion de
la pauvreté.

En fait, les deux crises économiques récentes ont révélé ce
que nous ne voulions plus voir : une pauvreté toujours présente, et même croissante, dont les coûts économiques, sociaux,
culturels et politiques sont immenses et à laquelle on ne peut
s'attaquer qu'avec des « réformettes ».

Quand on regarde l'évolution des chiffres, la détérioration
après les années 1980, tous gouvernements confondus, quand
on regarde le rapport emploi/population, quand on fait le bilan
de l'inaction fédérale au Québec, on ne peut qu'avoir des bou-

tons quand on entend Jean Chrétien parler du « meilleur pays du monde ».

Mais il y a pauvreté et pauvreté

La pauvreté est relative si elle désigne le statut des personnes dont les revenus sont les plus bas dans l'échelle de l'ensemble des revenus d'une société donnée. En ce sens, il y aura toujours des pauvres. Elle est absolue quand elle s'adresse aux conditions de vie de personnes qui vivent les effets conjugués et durables du manque d'argent. En ce sens, être pauvre, c'est beaucoup plus que manquer temporairement d'argent. Être pauvre, c'est vivre le cercle vicieux des effets du manque d'argent : mauvaise alimentation et mauvaise santé, habitation insalubre, soucis et désespérance, fuite (dans l'alcool, les pilules, la violence), sentiment de rejet, d'échec, manque chronique de confiance en soi, indifférence au sort collectif. Être pauvre, c'est finalement accepter de vivre dans un autre monde. Une fois qu'on y est, il est extrêmement difficile d'en sortir, de s'en sortir. C'est ce qu'on appelle aujourd'hui l'exclusion.

Le manque d'argent n'est pas la pauvreté. Il peut entraîner la pauvreté. Qu'on songe seulement aux trésors d'imagination et d'intelligence qu'il faut à une jeune mère, seule avec un, deux, trois enfants, qui vit de l'aide sociale, pour ne pas sombrer, entraînant avec elle ses enfants. Seulement pour vivre, il lui faut une énergie et une débrouillardise hors du commun et une santé mentale à toute épreuve. Ou que dire face aux efforts répétés et toujours découragés de tant de jeunes pour se trouver un emploi qui finit régulièrement par être précaire, pénible, toujours au salaire minimum ou presque, quand il ne veut pas dire faire ce que le patron veut sans être payé pour avoir une chance de conserver un emploi minable. Combien la tentation des prestations d'aide sociale jointes aux combines doit être vive dans une société qui n'a jamais étalé avec autant d'impudeur le luxe et les plaisirs de l'argent au point même de les présenter comme seules valeurs, comme seuls gages de succès, quitte à ce que leur origine ne soit pas toujours honnête.

La pauvreté prend de nouveaux visages

On l'a dit souvent ces derniers temps, la pauvreté, ici et ailleurs, prend de nouveaux visages : des visages de femmes cheffes de famille, de jeunes, d'hommes aussi dans la cinquantaine dont les entreprises ont fermé et qui ne sont pas recyclables, de minorités visibles... Cette nouvelle pauvreté entraîne de nouveaux problèmes. Elle devrait forcer de nouvelles formes d'intervention sociale.

Pense-t-on assez à tous ces enfants élevés par des mères seules aux prises avec toutes les difficultés ? Sait-on à quelles pressions elles sont soumises, quand elles sont à l'aide sociale, pour aller travailler même quand les enfants sont en bas âge ? Sait-on surtout ce que cela signifie être seule avec un ou des jeunes enfants (ce n'est pas plus facile quand ils vieillissent), sans argent suffisant pour bien les nourrir et bien manger, sans moyen de transport autre que les transports publics difficiles d'accès avec de jeunes enfants, dans un mauvais logement au deuxième ou au troisième étage, sans accès à la garderie (une politique sotte d'économie de bout de chandelle en a privé les mères à l'aide sociale). Sait-on, malgré tout, qu'il faut au moins un salaire horaire de 10 $ pour équivaloir au minimum que procure l'aide sociale, sans compter les exigeants déplacements, lunchs, problèmes liés aux maladies d'enfant, problèmes de garde en dehors des heures dites normales ?

Et pourtant, pour de très jeunes femmes de familles pauvres, avoir un enfant c'est souvent le seul moyen de connaître un peu d'amour, de reconnaissance et d'indépendance face à leur famille et à la société. Elles ne veulent pas se faire avorter, même si elles doivent rester seules. Leur chèque d'aide sociale devient le symbole de leur autonomie. Leur enfant ne connaîtra peut-être pas son père. Ni celui-ci ni les autres, parce que la politique des bonis à la naissance peut être tentante.

Troublante aussi est la situation de ces jeunes, hommes ou femmes de 18 à 30 ans, qui visitent les auberges communautaires, ces havres pour jeunes avant les bancs de parcs. Ils ne proviennent pas seulement de familles pauvres. Oh ! non. Ils peuvent avoir eu père et mère à l'aise, couple uni. Comment peuvent-ils alors se retrouver aux crochets de la société à un âge où on peut travailler ? L'attrait de la drogue et le cycle dans lequel elle attire le plus souvent leur fait perdre famille, emploi, amis. Proie facile pour le commerce illicite, ils ne peuvent s'en sortir seuls. Ou alors, la déprime, le sentiment d'échec, l'impossibilité de se trouver un emploi, le goût d'en finir s'empare d'eux. Certains parlent de les forcer à s'inscrire à des formations courtes pour se trouver un emploi. Si c'était si simple...

Les nombreuses fermetures d'entreprises depuis la récession des années 1980 ont fait grossir le nombre des hommes de métier ou manœuvres de 45 ans et plus qui, après la période d'assurance-chômage terminée, sont prestataires de l'aide sociale, incapables de se trouver un autre emploi. Ils ne sont pas rares ceux qui ont tout perdu alors, après avoir accumulé péniblement un compte en banque ou s'être acheté une maison. Ils terminent tristement, souvent malades, une vie qui s'était identifiée à l'usine. Mais des anciens membres de profession libérale, des petits entrepreneurs ne sont pas non plus à l'abri. Sauf les personnes qui ont une solide aisance ou qui peuvent compter sur un emploi du secteur public, toutes les autres, toutes, peuvent de malchance en dépression, en malchance, se retrouver dans une telle situation.

C'est une situation intolérable
qui ne peut qu'empirer

En 1985-1986, plus de 38 % des sommes dépensées au Canada à l'aide sociale (RAPC) étaient destinées au Québec qui ne représentait que 25 % de la population, soit une proportion augmentée par rapport à ce qu'elle était en 1962-1963. Il est vrai qu'en 1989 l'Ontario a opéré une importante réforme de l'aide sociale. Ce fait allié à la profondeur de la crise de 1990-1991 en Ontario a fait gonfler le nombre des personnes prestataires d'aide sociale et bien sûr multiplié la facture. C'est alors que le gouvernement conservateur canadien a décidé de plafonner les coûts à 5 % d'augmentation par année pour les provinces les plus riches. On ne peut donc plus se servir du RAPC pour distinguer la part relative réelle du Québec, même si celle-ci en 1994 était encore de 34 % alors que sa population représente 25 % de la population canadienne. Un fait est certain, la toujours riche Ontario a vu croître le nombre de personnes à l'aide sociale. Mais le Québec aussi alors qu'il a adopté une politique contraire en diminuant les bénéfices des prestataires, et exercé de nombreuses pressions pour dépister les personnes qui abuseraient le système. Malgré cela, et malgré la reprise économique, c'est plus de 800 000 personnes qui dépendaient de l'aide sociale en avril 1995 au Québec. C'est inacceptable.

Une partie de la hausse des prestataires d'aide sociale du Québec vient d'une décision délibérée du gouvernement fédéral de modifier le régime d'assurance-chômage. En effet, les libéraux n'étaient pas élus depuis quatre mois qu'ils ont annoncé sans tenir de consultation qu'ils modifieraient le régime d'assurance-chômage en diminuant l'accessibilité à ce régime et les bénéfices. Ainsi, au Québec, chaque mois depuis cette décision, 40 % des nouveaux requérants d'aide sociale sont les jeunes de moins de 25 ans. Par ailleurs, une fuite m'a permis d'obtenir une information que j'ai fait corroborer par le département de stratégie du ministère du Développement des ressources humaines (DRH) et qui établit à 725 millions de dollars pour chaque année 1995-1996 et 1996-1997 le montant de prestations en moins seulement pour le Québec. Et voici qu'une autre réforme de l'assurance-chômage est annoncée pour 1996 avec comme objectif budgétaire de couper 1,5 milliard (2 milliards suivant une fuite au *Toronto Star* du vendredi 28 juillet 1995) par année dont 700 millions en 1996!

Si c'était tout!

Le budget fédéral qui a été si bien accueilli par la population canadienne hors Québec contient en réalité des annonces tout simplement catastrophiques pour les provinces en général, mais pour le Québec en particulier, en raison justement du poids de la pauvreté. En fait, le gouvernement canadien, sans prévenir, transforme radicalement les rapports entre les provinces et le gouvernement central en utilisant ses transferts sociaux comme instrument, transferts qui avaient été négociés. La réponse de Jean Chrétien à une question de Preston Manning à la Chambre des communes le 24 mai 1994 était lourde de sens :

> Monsieur le président, le chef du Parti réformiste dit qu'il est inutile de parler de Constitution. Très bien. Je suis d'accord avec lui. C'est pourquoi nous procédons à des réformes des programmes sociaux.

Depuis le début des années 1960, le gouvernement central avait voulu aider les provinces à développer leur système de santé et d'éducation postsecondaire et, en ce sens, il s'était engagé à leur donner un montant per capita, équivalant à environ 40 % des coûts, c'était le régime du Financement des programmes établis.

Compte tenu que la pauvreté frappait de façon différente les provinces, le Régime d'assistance publique du Canada fut créé en 1966, qui établissait un certain nombre de règles que devaient suivre les provinces pour avoir droit à un remboursement de 50 % de leurs dépenses à l'endroit des plus démunis.

Ce régime était rigide, mais tenait compte du poids plus lourd de la pauvreté. Il ne permettait pas cependant de s'y attaquer, c'est une tout autre question.

Quand le budget de Paul Martin de 1995-1996 annonce pour les deux années qui viennent des compressions de 7 milliards, en réalité c'est un manque à gagner beaucoup plus important qu'il annonce aux provinces, puisqu'il tient compte des points d'impôt qui leur ont été concédés depuis belle lurette. Si on ne prend en compte que les transferts en espèce, qui sont les seules véritables « subventions » fédérales, c'est un manque à gagner de 12,3 milliards sur 3 ans que le ministre des Finances annonce. Quelle sera la part du Québec dans ce trou ? Au moins 25 %, mais davantage puisque le Québec touche en ce moment 27 % des transferts combinés incluant le RAPC.

Quand on voit les compressions auxquelles le gouvernement du Québec a astreint l'ensemble des ministères et, au bout de la chaîne, l'ensemble des citoyens du Québec (la fermeture des 5 hôpitaux montréalais ne fait épargner que 180 millions au trésor québécois), que nous réserverait alors le budget de 1997-1998 si le Québec faisait toujours partie du Canada ? Ce qui est absolument pervers dans le budget du ministre fédéral, c'est qu'il annonce des restrictions extrêmement sévères pour 1997-1998 afin d'atteindre ses objectifs de réduction de déficit, mais qu'au même moment il avertit qu'il se donnera, à même les surplus de cotisations à l'assurance-chômage, un coussin de 5 milliards. Ce coussin mettra le gouvernement central à l'abri de hausses de cotisation à l'assurance-chômage en période de récession et lui permettra d'envahir davantage, à ses conditions, les champs des provinces qui, elles, n'auront plus aucune aide fédérale pour assumer les coûts croissants de l'aide sociale pendant les mêmes périodes difficiles. Tout cela avec les cotisations des travailleurs et des entreprises à forte intensité de main-d'œuvre. La stratégie fédérale est claire : au lieu de se retirer des champs où il y a chevauchement, comme le Québec le demande, il intensifie les compressions ailleurs pour forcer les provinces, elles, à s'en retirer. Ainsi serait réalisée par Ottawa l'intégration des services offerts à toutes les personnes au chômage, comme le Québec souhaite le faire depuis longtemps, mais à sa place !

Mais pourquoi le Québec s'oppose-t-il à l'intervention directe du fédéral dans l'aide sociale, dans la formation de la main-d'œuvre, dans le développement régional ? Pourquoi s'oppose-t-il à l'imposition de normes nationales fussent-elles convenues par les neuf autres provinces ? Parce que ce sont ses champs de compétence attribués au moment de la Confédération ? Non. Parce que les Québécois sont un peuple et une nation dont l'État a non seulement le droit, mais surtout la responsabilité de proposer et de coordonner le projet de développement économique, social et culturel qui corresponde le mieux aux besoins de ce Québec dont tout le monde convient qu'il est différent.

La nécessité pour des raisons d'efficacité en était déjà claire et affirmée dans le *Mémoire du Québec* pour la Conférence sur la pauvreté de 1965, d'autant plus intéressant qu'il a la particularité d'avoir été rédigé par René Lévesque, alors ministre du gouvernement de Jean Lesage.

On le sait, loin de pouvoir mettre en œuvre cette politique d'ensemble de développement économique et social défendue par René Lévesque à Ottawa, le Québec a dû composer avec les politiques pensées à Ottawa, notamment le Régime d'assistance publique du Canada (RAPC) qui supporte 50 % du coût de programmes provinciaux comme l'aide sociale et des frais de garde, mais en imposant ses propres critères. C'est ainsi que le Québec supporte seul les coûts d'un programme appelé SUPRET puis APPORT et qui, depuis 1977, aide les familles à faible revenu de travail en leur accordant un supplément afin qu'elles n'aient pas intérêt à « tomber sur le BS ». Le ministre Lloyd Axworthy vient d'annoncer le 28 août 1995 que le gouvernement fédéral va partager les coûts du programme, dix-huit ans plus tard.

Vraiment, nous n'avons plus de temps à perdre. Après trente ans de refus systématique de la part des gouvernements fédéraux des moyens qui permettraient au Québec de faire cette politique coordonnée, afin de lutter enfin efficacement contre la pauvreté, je ne peux que dénoncer avec toute la force que j'ai cet entêtement qui nous a coûté si cher. Mais c'est collectivement qu'il nous faut réagir et refuser, comme toute la société québécoise du début des années 1960, ce cancer social de la pauvreté qui s'installe à demeure et ne cesse de progresser. La souveraineté c'est aujourd'hui le seul moyen de pouvoir commencer sérieusement à s'attaquer à la pauvreté, c'est la seule façon de ne pas démissionner et de baisser les bras.

Pour aller au bout du modèle québécois

Nous avons vu que le Québec dans le Canada n'a jamais pu rattraper son retard, qu'il se maritimise. Nous avons vu que la pauvreté, loin de diminuer, a tendance à s'incruster, à s'étendre et à priver le Québec de ressources et d'énergie dont il ne peut se priver. Nous avons vu que le Canada n'a d'autre modèle que centralisé, même quand il dit vouloir laisser aux provinces plus de flexibilité. Nous pouvons rappeler l'échec de l'Accord du lac Meech et de ses cinq conditions minimales. Nous devons souligner que le plus loin que le Canada consentit à aller après Meech fut le falot Accord de Charlottetown, rejeté par le Québec comme insuffisant et par le Canada comme trop généreux. Le temps est venu de dire que, sur le plan économique et social, le Québec n'a rien à gagner à dépendre du gouvernement canadien, il a intérêt à s'associer et la réciproque est vraie quand on considère le volume des échanges entre le Québec et les autres provinces canadiennes. Autrement, le fédéralisme canadien est un frein au développement québécois. On pourrait dire de la même manière que le Canada n'a pas intérêt à dépendre du gouvernement américain. Ils ont plutôt un intérêt réciproque à s'associer.

Lévesque dit clairement, simplement et fermement que « le seul moyen d'instituer une politique intégrée de développement économique et social qui mette vraiment l'accent sur l'humain », c'est que le gouvernement du Québec soit « le premier responsable de la conception et de l'application » des mesures visant à améliorer le sort des citoyens moins favorisés. Ces mesures, précise-t-il, font partie à leur tour d'« une politique globale de développement économique et social ».

Relire ce texte, trente ans plus tard, donne la mesure de tout ce qu'il y a à faire et qui n'a pas été fait, qui ne pouvait pas être fait parce que constamment le Québec devait confronter sa politique globale à celle d'Ottawa. Lévesque donne des exemples précis qui montrent comment les priorités du Canada contredisent les priorités du Québec dans le champ précis de la politique d'emploi. En même temps, cette description de l'époque décrit éloquemment combien le gouvernement fédéral a empiété, depuis ce temps, sur la politique de main-d'œuvre du Québec, comment il l'a insérée dans un corset qui ne lui convient pas en utilisant son pouvoir de dépenser, notamment l'assurance-chômage.

Ce n'est pas pour rien que l'Assemblée nationale à l'unanimité a demandé au gouvernement fédéral de reconnaître l'exclusivité de ses compétences en main-d'œuvre. Pourtant, aussi bien le projet d'Axworthy que le budget de Martin vont dans un sens complètement opposé. Certes le gouvernement fédéral veut que la politique de main-d'œuvre soit intégrée, mais il veut être l'agent intégrateur.

Relire ce texte écrit par Lévesque montre à l'envi le sens suivi par l'évolution du fédéralisme canadien dans lequel se drapent Lucienne Robillard et Daniel Johnson fils : c'est la domination du Canada sur le développement du Québec. Le texte rédigé par Lévesque nous montre comment le gouvernement provincial de l'époque avait une vision globale du développement et dirigeait une grande partie de ce développement. Nous sommes loin aujourd'hui de cette situation : NOUS AVONS RECULÉ.

Je tiens à rappeler qu'à l'époque c'est un ministre d'un gouvernement fédéraliste et libéral qui a écrit ce texte. Au-delà des programmes que les partis successifs défendent lors des élections, le développement économique et social du Québec a des exigences qu'ils ont généralement servies fidèlement à l'aide de programmes d'action plus ou moins audacieux ou timorés, privilégiant un aspect ou l'autre, mais défendant l'intérêt du Québec. C'est le champ de celui-ci qui s'est rétréci comme une peau de chagrin à la suite des interventions du pouvoir fédéral de dépenser, des jugements rendus par la Cour suprême, des grandes négociations commerciales où le Québec n'est pas représenté directement.

Ces partis devraient, selon moi, pouvoir dire d'une même voix : « Nous n'avons plus de temps à perdre. Partenaires, oui nous avons toujours voulu l'être et nous sommes toujours prêts à l'être, c'est notre offre. Mais nous ne pouvons plus longtemps assister impuissants à la détérioration de la situation économique et sociale du Québec alors que celui-ci a des ressources considérables et une volonté collective qui est un puissant instrument de développement. »

À notre époque de mondialisation des marchés et de libéralisation des échanges, la gestion de notre économie est un atout qui permet de tirer le meilleur parti de nos ressources. Ce n'est pas pour rien que les petits pays, ceux dont la population est d'une taille qui ressemble à la nôtre, ont des performances économiques remarquables. Il y a des avantages indéniables liés à la petite taille. La concertation qui permet de faire concourir les différents intervenants, syndicats, entreprises, gouvernement, aux mêmes objectifs, par la transparence, les discussions, la con-

fiance et même la négociation musclée à l'occasion. La sou-
plesse qui permet les réajustements rapides. La mobilisation
tellement plus facile dans ces circonstances. Chacun de ces pays
s'est donné une politique de plein-emploi.

Dans la concurrence féroce que nous connaissons à notre
époque, il est urgent que les politiques concernant la formation, la recherche et le développement, la main-d'œuvre, la
stratégie industrielle, l'éducation et le développement régional
soient coordonnées et que les décisions gouvernementales à
caractère économique en tiennent compte. La déconnexion,
sinon les contradictions, actuelle est infiniment néfaste.

Il est pareillement dévastateur que les régions n'aient pas les
moyens suffisants pour mettre en œuvre les projets créateurs de
richesse et d'emplois, conformes à leurs ressources et suscités
par leur initiative.

Le projet économique de la souveraineté est un projet de
responsabilité, d'initiative. Fini le fédéralisme rentable qui ne l'a
jamais été mais qui entretenait la douce illusion que, bercés
dans les bras fédéraux, nous n'avions pas à craindre l'insécurité.

Notre prospérité dépend de nous, collectivement. Les
instruments que nous nous sommes donnés, Caisse de dépôt et
placement, Sociétés d'État, Mouvement Desjardins, Fonds de
Solidarité, de puissants instruments, mis au service de notre
travail, de notre entrepreneurship, de notre intelligence et de
notre imagination, de notre volonté de prendre notre place au
soleil, région par région, vont nous assurer à terme, mieux que
n'importe quel Canada protecteur, une économie forte.

D'ailleurs, l'attitude des entreprises ne laisse maintenant
aucun doute quant à la viabilité de l'économie québécoise.
Certaines luttent contre la souveraineté, comme Canadair. On
peut penser que Laurent Beaudoin n'est pas parfaitement libre,
attendu l'aide très importante que lui a fournie le gouvernement canadien. Mais on peut savoir aussi que la souveraineté
faite, il saura bien quel État pourra lui rendre des services. C'est

vrai de toutes les grandes entreprises. Quant aux petites, la plupart savent déjà qu'elles peuvent compter sur l'État québécois. D'ailleurs elles sont nombreuses à lorgner davantage vers le sud que vers l'ouest ou l'est.

Elles ne peuvent pas, toutes, ne pas être fortement intéressées par l'entente signée par les trois partis visant à garantir qu'il n'y ait pas d'hésitation dans le maintien des activités économiques entre le Québec et le Canada.

De nombreux pays de petite taille bien servis par leur politique d'emploi et leur homogénéité, par leur culture quoi, ont une économie forte, secouée comme les grandes par les turbulences actuelles, mais fortes : les Suédois ont une économie forte, les Danois ont une économie forte, les Autrichiens ont une économie forte, les Norvégiens, qui ont même refusé le traité de Maastricht, ont une économie forte.

Qui mieux est, leur économie est forte et leur société est solidaire. Alors, qu'attendons-nous ? Pourquoi pas nous ?

Il y a urgence

Comment chercher à convaincre quelqu'un qui ne l'est pas de voter oui. La meilleure façon n'est-elle pas d'attirer l'attention non seulement sur le portrait des problèmes actuels, mais surtout sur les tendances, sur ce qui va vraisemblablement se produire si on ne fait rien parce que comme peuple on n'a pas les pouvoirs de faire ce qui devrait l'être. Or, l'évolution des facteurs qui agissent sur la langue, la démographie et la culture est parfaitement inquiétante, alors que dans le domaine économique et social la position relative du Québec dans le Canada ne cesse d'empirer et que la pauvreté augmente. En fait, le Québec se maritimise et ne peut que vivre des tensions sociales et linguistiques si le mouvement actuel de souveraineté nationale est contrecarré d'une façon ou d'une autre.

Montréal

« Montréal a payé un prix élevé pour chaque décision du gouvernement fédéral en sa faveur, même celles qui allaient de soi[20]. » Celui qui a écrit cette phrase c'est Jean-Pierre Hogue, député conservateur d'Outremont. Il l'a fait dans l'introduction d'un document sur Montréal rédigé pour le caucus de l'été 1991 du parti conservateur du Québec.

---

20. Jean-Pierre Hogue, Introduction au rapport préparé pour le caucus conservateur des 23-24-25 août 1991 tenu à Rivière-du-Loup.

Depuis la canalisation du Saint-Laurent dans le milieu des années 1950 qui a permis aux bateaux de ne faire que passer devant Montréal, la ligne Borden qui a empêché les pétrolières de l'est montréalais de continuer à alimenter l'Ouest canadien de pétrole acheté sur les marchés internationaux et raffiné au Québec, la décision en 1973 de ne plus obliger les compagnies aériennes à se poser à Montréal qui a fait de cette ville un site aéroportuaire de plus en plus régional liée à celle d'implanter un aéroport à Mirabel, dont le ministre Ouellet vient d'admettre vingt-cinq ans plus tard que cela avait été une erreur, Montréal a graduellement cessé d'être la métropole du Canada. La perte des sièges sociaux en faveur de Toronto à l'occasion du référendum de 1980 n'a pas non plus aidé, non plus que la forte croissance démographique de Toronto largement liée à l'attrait qu'elle exerce sur les immigrants que Montréal a de la difficulté à retenir. On pourrait multiplier les exemples, mais la citation de l'ex-député Jean-Pierre Hogue résume bien ce qui est arrivé à Montréal, surtout depuis le référendum de 1980.

Contrairement en effet à ce que de nombreux Québécois pensaient, le fait de voter non au référendum n'a pas permis d'effacer la crainte et le ressentiment que le reste du Canada et les mandarins de la fonction publique fédérale ont ressentis. Et les tentatives avortées de Mulroney d'amener le Québec à signer l'entente constitutionnelle de 1982 n'ont contribué qu'à augmenter l'hostilité. L'épisode du contrat d'entretien des CF-18 où le gouvernement conservateur a préféré Montréal à Winnipeg n'est même pas oublié. On l'a vu à l'occasion de la levée de bouclier lorsque le nouveau gouvernement libéral a choisi Montréal pour siège de la commission de l'environnement de l'ALENA où ne travailleront que quelques fonctionnaires.

Mais il n'y a pas que « la multiplication des terrains d'affrontement fédéral-provincial » dont l'impact sur l'économie montréalaise « est très réel et souvent plus profond qu'on ne l'imagine a priori » comme le dit de nouveau Jean-Pierre Hogue, Montréal est aussi pris entre deux feux sur le terrain politique québécois même, et ce, aussi longtemps que le Québec est dans le Canada. Compte tenu de la carte électorale montréalaise, les libéraux n'ont pas besoin de courtiser les Montréalais et les péquistes savent qu'ils ne sont pas capables de le faire, eux dont les 9 circonscriptions montréalaises sur 19 seront bientôt menacées.

Il faut ajouter qu'au début des années 1960, Montréal apparaissait encore comme la zone d'attraction qui privait les régions d'un développement indispensable. Le besoin de régionalisation est encore plus aigu ces temps-ci et Montréal est toujours dans l'imaginaire des Québécois la métropole vorace qui se nourrit des ressources et des jeunes des régions sans leur redistribuer ce développement promis. Aujourd'hui, alors que Montréal a un vif besoin d'un parti pris politique pour jouer le rôle de moteur qu'elle seule peut jouer dans l'économie québécoise, elle en est privée.

Pourtant, Montréal a des ressources exceptionnelles, elle a des atouts nombreux dans des secteurs de pointe et c'est encore la plus grande municipalité au Canada avec plus d'un million d'habitants. Mais, Montréal comme toutes les métropoles ne peut se passer d'un État et le seul qui lui soit naturel c'est le Québec, de la même manière que le Québec comme État souverain ne peut se passer d'une métropole et que Montréal est la seule possible.

C'est vrai sur le plan économique, c'est vrai sur le plan social et culturel, davantage, si c'est possible.

Si nous ne faisons pas la souveraineté, la situation ne fera encore qu'empirer, et rapidement, car ce qu'il faut bien appeler le défaut structurel d'appui politique va laisser s'accélérer les effets conjugués de la démolinguistique, de la pauvreté et du chômage, de l'étalement urbain.

Les régions

En région, les tendances doivent aussi être rapidement inversées. À la dénatalité s'est ajouté l'exode des jeunes, souvent les
mieux formés, vers les grandes villes. Et le cercle vicieux de
l'appauvrissement s'est installé dans plusieurs régions, plusieurs
facteurs s'aggravant les uns les autres : fermeture d'entreprises,
diminution des services, chômage, vieillissement de la population avec toujours le départ des jeunes et la lancinante convic-
tion que la situation pourrait être fort différente si on n'avait
pas constamment à convaincre Québec ou Ottawa de faire ou
de ne pas faire ou de faire autrement, bref, si on pouvait se
prendre en main avant qu'il ne soit trop tard.

Pourtant, dans certaines sous-régions, la concertation des
forces locales autour d'atouts mis de l'avant avec intelligence et
débrouillardise a fait des merveilles : on a créé des emplois,
redonné de l'espoir, arrêté la saignée des départs. On a appris
à travailler ensemble, qu'on soit du secteur public, de l'entreprise privée ou des organisations coopératives ou communautaires, mais il y a tant à faire et l'incompréhension rencontrée
en haut lieu ou le retard à prendre des décisions provoquent
grogne et mécontentement.

Une vraie décentralisation n'est possible que si le Québec
devient souverain. Autrement en effet, le Québec, région du
Canada, ne peut décentraliser ce que lui-même ne gère pas. Il
ne peut par ailleurs accepter que le Canada s'entende directement avec les municipalités ou les groupes populaires sans
abandonner la responsabilité qu'il détient à l'endroit du peuple
québécois.

Pour la société douce

Notre incapacité à régler ce qu'on peut appeler la question
autochtone est en train de miner notre société et j'avoue en

être inquiète. La tension que je sens monter au Québec peut
être mauvaise conseillère. Elle peut aussi être utilisée.

C'est un bien triste et curieux détour qu'ont pris les
rapports entre les autochtones et les Québécois depuis la crise
d'Oka, alors qu'à beaucoup d'égards les relations entre les premiers Canadiens devenus Québécois et les autochtone du nord
du continent avaient été la plus belle histoire de respect mutuel
et d'alliance indéfectible entre Blancs et autochtones qu'on ait
vu en Amérique. En tout cas, jusqu'à 1763. Après la Conquête,
le pouvoir deviendra britannique et *canadian*. Les Canadiens ne
seront plus alors des interlocuteurs valables pour les autochtones, jusqu'à René Lévesque. Et encore. Mais même alors, les
relations entre Blancs et autochtones seront bien différentes au
Québec qu'ailleurs au Canada et aux États-Unis. Il faut retour-
ner, même brièvement, à l'histoire pour comprendre.

Canadiens et Indiens ont été plus que des alliés étroitement
unis par le commerce et pour leur sécurité contre les Anglais
et leurs alliés autochtones, ils ont été des voisins respectueux
qui ne répugnaient pas à la mixité. Les mystiques français qui
ont fondé la colonie voulaient non seulement s'établir dans une
terre neuve et saine, mais aussi convertir les Sauvages à leur
dieu et partager avec eux la formation européenne. Les obser-
vateurs venus d'Europe au dix-huitième siècle constateront,
avec surprise, que les Français établis en Canada avaient davantage pris les habitudes et même les allures et les traits des
Indiens que ceux-ci n'avaient été européanisés.

C'est qu'Indiens et Canadiens du Régime français avaient
besoin les uns des autres face au nombre des colons anglais et
à la puissance de l'armée anglaise. Ce n'est pas tout. Dans leurs
voyages pour le commerce des fourrures, les Canadiens utili-
saient les techniques et les connaissances que les autochtones
avaient développées pour vivre et se déplacer. Ils avaient besoin
des informations et des conseils de ceux qui étaient non seulement leurs alliés, mais souvent aussi leurs amis.

Un fait est peu connu qui fut d'une extrême importance pour les droits des autochtones du Canada : c'est la demande formulée par le gouverneur de la Nouvelle-France, le marquis de Vaudreuil, au général Amherst lors de la capitulation de Montréal en 1760 à l'effet que :

Les Sauvages ou Indiens Alliés de sa M^{té} très Chrétienne Seront maintenus dans les Terres qu'ils habitent, S'ils veulent y rester ; ils ne pouront estre inquiétés Sous quelque prétexte que ce puisse estre, pour avoir pris les Armes et Servi sa Ma^{té} très Chrétienne. Ils auront comme les François, la Liberté de Religion et Conserveront leurs Missionnaires[21]...

On lit dans la marge : « Accordé ». Ce texte a inspiré la Proclamation royale de 1763 et peut être considéré comme fondateur des droits des autochtones du Canada. Comment ne pas souligner au passage l'ironie de l'histoire : le texte qui fonde les droits des autochtones est le même qui enlève aux Canadiens leurs lois civiles, limite l'exercice de leur religion et annonce l'anglicisation de la colonie.

La Conquête encore là a tout bouleversé. Selon l'Acte de l'Amérique du Nord britannique, les autochtones relèvent de la compétence du gouvernement fédéral. Le *Indian Act*, quelques années plus tard, les parquera sur des réserves, les considérant comme des mineurs.

Il m'apparaît important de rappeler brièvement ces faits, d'abord pour prendre la mesure du gâchis de la détérioration de nos rapports avec les autochtones, mais aussi pour souligner l'urgence de nous donner la capacité politique de rétablir la qualité de nos rapports avec eux.

Il est connu et admis que les autochtones du Québec ont de meilleures conditions de vie et de rétention de leur langue

---

21. Articles de la Capitulation de Montréal dans *Les Constitutions du Canada et du Québec du régime français à nos jours*, Montréal, Éditions Thémis.

que partout ailleurs au Canada. Eux-mêmes savent que le Québec est en mesure de négocier et de régler avec eux des accords plus favorables que le Canada et les autres provinces, et ce d'autant plus que les réformistes et autres conservateurs n'ont pas été tendres à leur endroit et s'en promettent dans les années à venir.

Les Québécois, par ailleurs, n'acceptent pas d'être méprisés à répétition, même si les auteurs des bravades sont toujours les mêmes et que leurs intérêts ne sont pas nécessairement ceux de leur nation. Ils ne sont pas dupes du fait que les nations autochtones et leurs leaders essaient de profiter de l'influence et du rapport de force que leur donnent la situation actuelle au Québec.

Pour l'instant, c'est le fédéral qui détient toute la responsabilité, ce qui rend le Québec presque impuissant entre les mains des politiciens et fonctionnaires fédéraux dont on peut penser que leur premier souci n'est pas de régler les problèmes qui traînent en territoire québécois, surtout quand ceux-ci sont en mesure de tendre la situation au Québec, de provoquer des craintes utilisables contre le projet de souveraineté et de ternir sa réputation internationale.

Il y a urgence. Ni les Québécois ni les autochtones n'ont avantage à ce que s'installent l'intolérance et le mépris mutuels. Sans la souveraineté, il sera pourtant presque impossible d'y parer.

Les jeunes

Mais ce sont les manifestations conjuguées des tendances, leur synergie négative, qui sont de plus en plus inquiétantes. Les effets du non au référendum de 1980, les deux récessions, la crise d'Oka de 1990 et les crises constitutionnelles n'ont fait que les accélérer, sans compter les effets du budget Martin. On ne voit pas comment, dans le contexte actuel de la Confédération, quelque gouvernement du Québec que ce soit, y compris un gouvernement du Parti québécois, pourrait les infléchir sans la souveraineté.

La société apparaît bloquée. Bloquée parce qu'aucun problème ne peut se résoudre d'une façon un peu définitive. Tout est en attente. Tous sont en attente.

Prenons le cas des programmes dits d'employabilité. Cent douze programmes offerts tant par le ministère du Développement des ressources humaines du Canada que par les ministères. Et les gouvernements et les fonctionnaires qui se renvoient la balle.

Ça ne peut continuer comme ça, en particulier pour les jeunes qui sont les personnes les plus touchées par cet état de suspension ou d'impuissance.

Nous avons au Québec tous les éléments humains et techniques pour mettre en œuvre une politique active de l'emploi. Qu'est-ce qui empêche de la faire ? Le gouvernement fédéral, mais surtout notre impuissance collective à nous décider.

Il faut être à Ottawa, au Parlement, pour voir en effet l'ampleur du pouvoir fédéral sur presque tous les domaines de la vie économique, sociale et culturelle. Je ne m'en scandalise pas, l'évolution canadienne, la nation canadienne les conduisent là. C'est à nous de nous prendre en main.

Les jeunes, surtout ceux qui viennent de milieux moins favorisés, ne savent pas nécessairement d'où vient cette impuissance qu'ils sentent ni celle de cette société pour eux bloquée. Quand ils travaillent, ils se frottent aux syndicats et apprennent vite qu'ils n'ont pas nécessairement les mêmes droits. Ils apprennent que pour obtenir de l'assurance-chômage une première fois, il faut avoir conservé un emploi plus longtemps que les autres et ne pas le quitter de soi-même, même s'ils n'en peuvent plus de travailler dans des conditions infectes. Ils apprennent... que les seuls jobs disponibles sont ceux dont personne ne veut. Seule l'aide sociale leur est facilement accessible, mais ce qu'ils veulent, c'est un avenir.

Les jeunes, mieux que quiconque, savent comme ils le disent qu'il n'y en aura pas de facile. Ils s'y attendent. Ce qu'ils ne peuvent pas endurer, c'est de ne pas avoir d'espoir. « Avant tout, il nous faut refuser de démissionner », dit autrement Albert Jacquart.

Nous sommes rendus à la rivière.

Pour que l'avenir nous appartienne !

Personne ne peut nier que le Québec est face à des enjeux majeurs : la population et l'intégration des immigrants, la langue et la culture québécoise, l'organisation sociale, le chômage et la pauvreté. Personne ne peut non plus contester que dans chacun de ces domaines, la nation et le peuple québécois ont besoin de s'organiser suivant leur génie propre, qu'ils en ont la capacité et que rien ne s'oppose à ce que rapidement leur avenir soit même brillant.

Pour y arriver, une condition est essentielle. Sans plus tarder, les énergies doivent pouvoir se concerter, savoir dans quel sens elles s'orientent, pouvoir compter sur les ressources disponibles. Autrement dit, la situation actuelle de chevauchements, d'hésitations, de stratégies différentes et divergentes, de querelles de juridiction, ne peut continuer. Trop de temps et d'efforts, trop d'argent, ont été perdus en vain.

Or, si quelque chose est clair dans notre paysage, c'est que jamais le fédéralisme canadien sans profonde transformation ne pourra nous permettre d'ainsi nous organiser. Et rien, ni personne, ne peut nous faire croire qu'un tel changement est possible après la saga des 30 dernières années.

En fait, une seule chose est certaine, c'est que le Québec au lieu de gagner en poids dans le Canada perd de l'influence.

Les Canadiens veulent nous garder, mais ne sont prêts à aucune concession pour le faire. Leur attitude est claire : nous nous contentons d'être une province comme les autres, ou alors nous partons. Ils n'ont qu'une hâte : ne plus en entendre parler.

Faisons un constat qui s'impose : le Québec et le Canada hors Québec, tous deux, sont mûrs pour une nouvelle forme d'association.

Il faut en finir avec les Plaines d'Abraham

Au terme d'une longue évolution, le Québec est maintenant prêt à se prendre en main, à tous points de vue. Ne pas le faire entraînerait au contraire des problèmes graves et une instabilité certaine. Et c'est normal qu'il en soit ainsi.

Si la France n'avait pas abandonné sa colonie en 1763, après la défaite des Plaines d'Abraham, un jour ou l'autre, quand même, le Québec serait devenu un pays indépendant. Mais même avec la Conquête par l'Angleterre, le déroulement de l'histoire aurait pu se faire bien autrement. La colonie britannique du Bas-Canada, à majorité française, aurait pu obtenir le gouvernement responsable au moment où l'Angleterre en gratifiait ses colonies. Les colonies se seraient alors associées selon un principe d'égalité et auraient pu bâtir une véritable confédération, au lieu de l'union législative déguisée que constitue aujourd'hui le Canada.

Même mis en minorité et retardé dans son développement, le Québec arrive à un point de sa vie collective où il ne peut plus s'accommoder du corset fédéral. Il ne peut plus accepter d'être un peuple traité en minorité d'un tout qui lui est différent. Il ne peut plus continuer sauf cesser d'être ce qu'il est profondément. Et le Canada considère qu'il ne peut traiter le Québec autrement que comme une minorité.

Si la Confédération était l'association que les fédéralistes québécois défendent, les Québécois s'y sentiraient à l'aise comme nation et comme peuple. Non. Et encore davantage depuis les dits Accords constitutionnels de 1982 imposés au Québec sans son consentement, alors qu'ils changent les règles du jeu de 1867.

En 1865, quand les colonies ont négocié ce qui allait devenir en 1867 l'Acte de l'Amérique du Nord britannique, même si la Conquête ne datait que d'un peu plus de cent ans, même si le Québec avait pris les armes contre l'Angleterre 30 ans plus tôt, le Québec avait un plus grand rapport de force dans le futur Canada qu'aujourd'hui. Aujourd'hui, cette loi de la majorité qui s'impose sans vergogne, c'est bien le retour à l'esprit de conquête. Nous avons heureusement le moyen pacifique et démocratique de le refuser.

En fait, la seule façon de faire prévaloir l'esprit des deux peuples fondateurs, c'est que le Québec se prenne en main, vote sa souveraineté et propose cette association économique et politique dont les chefs du Bloc québécois, de l'Action démocratique et du Parti québécois ont convenu.

C'est la seule façon pour que l'avenir nous appartienne, et ce, quelle que soit notre opinion politique sur d'autres questions.

Le Québec d'abord

La souveraineté c'est le projet d'un peuple, parce que c'est le peuple qui sera souverain. Pas un parti, pas des politiciens. Il exercera sa souveraineté en élisant le parti, les hommes et les femmes qu'il veut. Par la démocratie qui est le gouvernement du peuple.

Il faut donc saluer cette entente du Bloc québécois, du Parti québécois et de l'Action démocratique. Elle est garante de ce que la souveraineté sera celle du peuple.

Et il faut saluer les trois chefs qui l'ont rendue possible. Chacun devant apporter sa part à la compréhension commune de la situation et de l'avenir. Chacun symbolisant et résumant une des trois voies suivies par les Québécois vers leur souveraineté : Jacques Parizeau qui a quitté René Lévesque prenant le beau risque ; Lucien Bouchard jouant à fond le beau risque, mais quittant Brian Mulroney qui n'a pas pu convaincre le Canada de se rendre aux cinq petites conditions devant ramener le Québec dans le Canada ; Mario Dumont qui a compris, vite, les leçons de Meech et de Charlottetown et a dû quitter Robert Bourassa et le Parti libéral du Québec.

Pour ces trois hommes et leur parti, il n'y a plus d'autre façon de défendre les intérêts du Québec d'abord que de faire la souveraineté puis négocier une entente économique et politique avec le Canada hors Québec. Ils donnent le signal qu'après la souveraineté il y aura toujours des partis différents, des projets différents pour le pays du Québec, pour les Québécois, tous les Québécois.

Tout au contraire, les fédéralistes québécois ne défendent plus les intérêts du Québec d'abord en engageant le Canada à reconnaître les besoins du Québec, la spécificité québécoise. Non. Ils défendent l'intégrité du beau grand Canada, ils plaident pour les francophones hors Québec, pour la francophonie. Et ils menacent...

De quoi nous menacent-ils au juste ? Que le Canada refuse l'association avec le Québec ? Ils nous menacent de séparation ! Ils menacent le Québec de la séparation canadienne. Comment comprendre autrement qu'à la volonté d'association économique et politique exprimée, ils ne reviennent qu'avec le même slogan, vidé de sens, eux les fédéralistes québécois ? Veulent-ils inciter le Canada à refuser de s'associer au Québec ?

Nous croyons qu'il est possible d'éviter ce cul-de-sac conjoint en adaptant à notre situation les deux grands courants qui dominent notre époque : celui de la liberté des peuples et celui des groupements politiques et économiques librement négociés[22].

La majorité des Canadiens sondés dit vouloir une association avec le Québec après le référendum. C'est normal, c'est le bon sens. Le niveau élevé des échanges commerciaux entre le Canada et le Québec et le maintien d'une entente douanière, la négociation du partage de la dette canadienne et des conditions d'exercice de la liberté de circulation des biens, du capital et des personnes, la protection des frontières, tout incite le Québec et le Canada à négocier des ententes économiques et à convenir sur le plan politique d'un lieu et de moyens pour en assurer l'application et l'éventuel élargissement.

Il ne reste aux Québécois qu'à donner un coup de cœur !

---

22. René Lévesque, Document présenté aux militants de Laurier en 1967, présenté puis retiré au congrès du Parti libéral du Québec.

D'ABORD UN COUP DE CŒUR !

Un moment, un jour vient où dans la vie il faut passer à autre chose. La situation antérieure est finie, dépassée. La laisser continuer ne peut qu'entraîner insatisfactions et frustrations. Pourtant une décision, une rupture s'impose pour y mettre fin et commencer enfin à nouveau, sinon à neuf... une autre relation amoureuse, un autre emploi, une autre responsabilité, une autre vie.

Le Québec, pour une grande part, ne vit-il pas cette fin de règne, cette aspiration profonde, irrépressible à passer à autre chose ? Ne sent-il pas qu'il peut faire plus, et mieux et qu'il ne peut repousser davantage le moment de procéder enfin au OUI libérateur, porte ouverte au renouvellement prometteur ? Mais il faut décider, et tant que la décision n'est pas prise, le temps reste suspendu, le sentiment d'impuissance engendre un malaise indéfinissable, comme un pourrissement. Car le retour à la situation antérieure apparaît impossible et l'action est empêchée. Les mêmes paroles ont été prononcées cent fois, les mêmes analyses faites, les mêmes compromis insuffisants offerts. Tout ne peut désormais que recommencer en pire.

On n'a plus de temps à perdre.

Il faut donner un coup de cœur !

Un coup de cœur même si la fatigue sociale et politique de plusieurs est grande d'avoir cru un jour en un idéal social et politique, d'avoir voulu changer des choses et s'être heurté à un mur et finalement s'être retrouvé plus ou moins seul, un peu brisé, en se demandant si tous ces efforts en valaient la peine où qu'ils aient été déployés : dans un syndicat, un parti ou un groupe, politique ou populaire ou de femmes ou...

Un coup de cœur parce que la génération du baby boom, la plus nombreuse, celle qui est arrivée au bon moment de la création des emplois dans le secteur public, des emplois stables dans les entreprises, n'est plus aussi jeune. Elle qui a si fortement contesté occupe maintenant les lieux de pouvoir ou fait partie largement des 6 % de la société qui touchent les revenus les plus élevés. Elle est la seule génération à être assurée d'une retraite confortable qu'elle est fortement tentée de préparer dès maintenant en oubliant qu'elle a beaucoup reçu et qu'après elle, rien ne sera, n'est pareil.

Un coup de cœur parce que celles et ceux qui sont venus après ma génération sont nombreux à ne pas avoir d'emploi stable, même quand ils ont accumulé les diplômes. Ils sont obligés de se débrouiller, d'être pragmatiques. Le cycle jobbines-chômage-BS-jobbines en rend plus d'un sceptique face aux possibilités de changement.

Un coup de cœur parce que les personnes seules, très souvent des femmes, avec charge d'enfants quand elles sont plus jeunes, en ont déjà plein les bras et la tête de ces préoccupations du lendemain. Parce que les personnes à l'aise peuvent bien être portées à oublier ailleurs et autrement les exigences de la politique québécoise.

Un coup de cœur parce que la pauvreté est le lot d'une partie croissante de la population, souvent ces mêmes femmes seules. Si la pauvreté n'enlève ni la dignité ni l'espoir, elle finit par donner un tel sentiment d'impuissance qu'elle peut entraîner l'assoupissement social et politique.

Un coup de cœur parce que l'exaspération des tensions ne peut que s'enfler dans cette atmosphère délétère malgré la patience proverbiale du peuple québécois.

Oui ! il nous faut et nous pouvons donner ce coup de cœur essentiel. Pas un coup de tête irréfléchi, ou un coup de poing réactif et aveugle. Plutôt un élan du cœur, une réunion des énergies et des expériences pour nous donner ce pays où nous pourrons démocratiquement faire nos choix comme un peuple normal. Dans l'interdépendance.

Oui dans l'interdépendance avec les autres nations et au premier chef, le Canada, avec lequel nous avons des liens économiques forts qui n'ont pas attendu de permission pour se nouer et qui seront d'autant facilités si le Canada accepte notre proposition d'entente économique et politique.

Puis une longue détermination

La souveraineté n'est pas une panacée, mais c'est une extraordinaire occasion !

À elle seule, la souveraineté ne fera pas disparaître d'un coup de baguette magique tous les problèmes auxquels nous sommes confrontés, mais elle offrira enfin l'occasion de nous mettre collectivement au travail en sachant que nous allons, comme peuple et comme société, contrôler l'ensemble des éléments, bien sûr dans le grand vent de la concurrence internationale. Mais justement, plus que jamais en cette période de mondialisation de l'économie, le fait d'être un peuple de petite taille, capable de décisions rapides et de solidarités étroites, est un atout considérable sur tous les plans. Nous allons pouvoir non seulement connaître l'état précis de notre situation, mais aussi pouvoir agir sur notre société en nous fixant des objectifs, en vérifiant les résultats. Nous pourrons avoir des débats démocratiques qui ne seront pas que discours généreux parce que nous pourrons changer le gouvernement qui n'aura pas l'excuse de dire que c'est un autre qui gouverne.

Comme peuple, nous serons enfin ce que nous n'avons jamais pu être, responsables, pleinement.

COMPOSÉ EN BEMBO CORPS 11
SELON UNE MAQUETTE RÉALISÉE PAR PIERRE LHOTELIN
CET OUVRAGE A ÉTÉ ACHEVÉ D'IMPRIMER
N SEPTEMBRE 1995 SUR LES PRESSES
ATELIERS GRAPHIQUES MARC VEILLEUX
À CAP-SAINT-IGNACE, QUÉBEC
OUR LE COMPTE DE DENIS VAUGEOIS
ITEUR À L'ENSEIGNE DU SEPTENTRION